# 城市流动人口随迁子女教育问题的研究与思考

瞿晓理 著

苏州大学出版社

**图书在版编目(CIP)数据**

城市流动人口随迁子女教育问题的研究与思考 / 瞿晓理著. —苏州：苏州大学出版社，2018. 11
ISBN 978-7-5672-2601-2

Ⅰ. ①城… Ⅱ. ①瞿… Ⅲ. ①流动人口 - 教育研究 - 中国 Ⅳ. ①G52

中国版本图书馆 CIP 数据核字(2018)第 243671 号

**城市流动人口随迁子女教育问题的研究与思考**
瞿晓理 著
责任编辑 肖 荣

苏州大学出版社出版发行
(地址：苏州市十梓街 1 号 邮编：215006)
常州市武进第三印刷有限公司印装
(地址：常州市武进区湟里镇村前街 邮编：213154)

开本 700 mm × 1 000 mm 1/16 印张 8.75 字数 161 千
2018 年 11 月第 1 版 2018 年 11 月第 1 次印刷
ISBN 978-7-5672-2601-2 定价：36.00 元

苏州大学版图书若有印装错误，本社负责调换
苏州大学出版社营销部 电话：0512-67481020
苏州大学出版社网址 http://www.sudapress.com

# 目录

# 第一章

# 城市流动人口及随迁子女的产生

自20世纪80年代以来，随着改革开放的进行，经济不断发展，城市化进程不断加快，越来越多的农村剩余劳动力流入城市，成为城市中的流动人口群体。据国家计生委发布的最新《中国流动人口发展报告》显示，目前我国流动人口总量大约为2.45亿，占国家总人口的18.1%。

## 一、城市流动人口的概念辨析

什么是城市流动人口？关于这个概念的界定，经济、卫生、人口、社会及教育等诸多领域的学者迄今为止还没有给出统一的说法，并且存在较多的出入。这是由城市流动人口这一群体构成的复杂性所造成的——城市流动人口既包括进入城市打工但未取得当地户籍的农村人口群体，也包括因旅游、出差、短期工作及学习等导致居住地与户籍地不一致的人口群体。当然，当前很多研究中的“城市流动人口”更多地是指前者，并且这部分人群占据了我国城市流动人口总数的90%以上；而后者则是极小部分群体。基于此群体的构成，目前，学术界较为认可的观点为“在某特定时期内有着地理空间上移动的行为，但未做出定居事件的人口”（万川，2001）；较为通俗的说法则是“目前居住地与户籍地不相一致的人口”（夏雪，2008）。

而关于“流动人口子女”这一概念，学界的分歧和争议则更多，很多研究在关于“流动人口子女”这个概念上被指为“误用”或者“狭窄化”。从严格意义上来说，广义上的“流动人口子女”应该既包括跟随父母进城务工居住的子女，也包括未能随父母进城务工而留守户籍地的子女。但多数研究中的“流动人口子女”特指随父母进城务工的子女，而对于后者则特称为“留守儿童/子女”（佘凌、罗国芬，2003）。此外，关于“流动人口子女”的叫法，基本可以与“农民工子女”“民工子女”“打工者子女”“外来务工人员子女”等概念相互替代，而华中师范大学项继权教授（2005）则补充定义为“流动/进城农民子女”。为了淡化社会身份特征，很多研究避开使用“民工子女”“农民工子女”等叫法，更多地称之为“流动人口子女”（夏雪，2008）。后续研究为了使对象群体的范围更清晰，将随父母进城务工的子女称为“流动人口随迁子女”。

## 二、城市流动人口产生的原因

### （一）经济原因

首先，造成我国农村人口流向城市，特别是沿海发达城市的最主要原因是城乡收入不均衡。1978 年，我国农村和城镇居民的收入分别为 133.6 元及 343.4 元，农村与城镇收入比为 1∶2.57；到 20 世纪 90 年代，我国农村与城镇居民的收入比大约为 1∶2.30；而 2000 年初，农村与城镇居民的收入比则为1∶3.00左右。由此可以发现，改革开放以来，城乡之间的收入差距较大，导致城乡居民在教育、卫生、文化、科技、就业及其他生活福利等方面均存在着较大的差距。这种差距驱使着农村人口流入城市，以期获得与城市居民同等的经济收入。

其次，区域经济发展不均衡，也是造成农村人口流入城市的一个重要原因。改革开放以来，我国沿海地区，特别是广东、福建、浙江、江苏及上海等地区，凭借着得天独厚的地理位置、自然条件及人文历史基础等因素，经济获得了飞速发展，城市规模也不断扩张。在这一过程中，这些发达地区的城市需要大量的外来从业人员帮助它们的城市建设和发展。这种驱动力也吸引了大量欠发达地区的人口特别是农村人口开始涌向这些城市。据 2017 年《流动人口发展报告》显示，我国流动人口最为集中的城市为北京、上海、深圳、苏州、广州、杭州等地。

再次，现代农业生产效率的提高，使农村出现了大量剩余劳动力，因而农村人口不断流入城市，这也是城市流动人口出现的另一个经济原因。另外，农村劳动力由于就业成本低、附加条件少，成为发达城市就业竞争中的优势。

### （二）户籍原因

在美国、日本等发达国家，所谓流动人口，是指外来移民人员，非本国国籍的人口群体。因为不具备本国国籍，因而在教育、医疗、文化、科技、就业等方面不享有本国国籍居民的社会福利条件。但是对于本国国籍的居民在国土范围内的迁徙，却从不打上“流动人口”的标签。在我国，长期以来的户籍制度形成了农村—城市的“二元机制”现象。户籍地人口和非户籍地人口在当地所享受的住房、教育、医疗、文化、就业等方面的社会福利大相径庭。这也使得农村劳动力流入发达地区的时候，因为“二元机制”的存在，不得不贴上“流动人口”的标签。同时，由于户籍制度的存在，使得第一代城市流动人口务工和居住的城市，与他们的子代务工和居住的城市关联度很低。也就是说，因为户籍制度的存在，使得流动人口无法因为代际或时间因素，逐渐转为常住居民。因此，从这个角度来看，户籍制度对流动人口的存在具有广泛的影响。

### （三）教育原因

自20世纪末以来，我国高等院校不断扩大招生，给全国各地的青年学生提供了离开家乡外出求学的机会，当这批年轻人从高校毕业后，很多人特别是来自欠发达地区的青年学生会选择异地就业。但是，当异地就业的大学生的学历、就业质量、就业单位及自有住房达不到流入地的入户要求时，就构成了流动人口群体。当然，这一部分流动人口由于有着较高的学历，并且对自身的职业生涯有着一定的期许和规划，转为流入地“新常住人口”的概率很高。因而这部分“暂时性”的流动人口并不为学界重点关注和研究。

### （四）流动人口随迁子女的产生

自2000年以来，很多进城务工的流动人口开始由“单身进城”逐渐转为“举家随迁”。近年来，人口流动的“家庭迁徙”的趋势越加明显，平均每户流动家庭的人口规模保持在2.5人以上，超过80%以上的流动人口是以家庭为单位实施迁徙的。正因为如此，在这些流动家庭中，产生了流动人口的随迁子女。依据“六普”及2015年的人口抽样数据推算，我国城市流动人口中0～18周岁的随迁子女数量为3 500万～4 000万，流动人口子女教育问题逐渐成为社会问题。

## 三、城市流动人口的群体特征

### （一）人口学特征

1. 近年来我国流动人口总数有升有降，但比重依然较大

依据《中国流动人口发展报告 2017》显示，我国流动人口规模总量于 2011—2014 年间继续保持增长。2011 年，在统计的流动人口总数约为 2.30 亿人，至 2014 年则增长为 2.53 亿人。但自 2015 年开始，我国流动人口总量开始出现下降现象；2015—2017 年间，流动人口总数呈现震荡趋势，在总人口中的占比有升有降。尽管如此，流动人口群体占我国人口总量的比重依然较大；由此可以预见，在今后较长一段时期，大规模的人口流动仍将是我国人口发展及经济社会发展中的重要现象。

2. “80 后”为主的新生代群体在流动人口中的比重不断增加

流动人口最大的特征在于其流动性，在这个群体中，不断有人流入，也不断有人流出。群体在流入流出中的新旧交替，产生了新生代流动人口群体——1980 年后出生的流动人口。2005 年全国人口抽样调查显示，“80 后”新生代流动人口占总流动人口的 40.6%；2010 年第六次全国人口普查显示，该群体占比已上升为 53.7%，2016 年则达到 64.7%。据我国计生部门预计，2030 年新生代流动人口将占全部流动人口的 90%，总量达 2.79 亿人。

3. 女性流动人口比重上升，流动群体性别比趋于平衡

2016 年我国流动人口中的女性占比为 48.3%，高于 2011 年的 47.7%。从她们的平均年龄来看，呈大龄趋势：2011 年女性流动人口的平均年龄为 27.3 周岁，而 2016 年为 29.8 周岁。总体来看，2011—2016 年间我国流动人口性别比由 2011 年的 109.6 降至 2016 年的 107.2，不断趋于平衡。

### （二）流动性特征

1. 跨省流动比例下降，人口流动稳定性增强

在过去的 20 多年时间里，我国流动人口的流动方式基本以跨省流动为主。基本是以中西部内陆地区为流出地，东南部等沿海发达地区为流入地，其中珠三角、长三角及京津等地区为流动人口集中区域。此外，东北三省的人口也大量外流至南部发达地区。但自 2011 年开始，我国人口流动虽然依旧以跨省为主，但比例开始缓慢下降；同时，省内跨市流动的比例缓慢上升，市内跨县流动则变动较小，人口流动的稳定性不断增强。

2. 人口回流趋势日益明显

由于沿海发达地区的劳动力和土地成本不断上升，经济产业的持续转型升级，“机器换人”等新兴生产力的出现，不断压缩了流动劳动力的就业空间，特别是一些低端劳动力。因此，在2011—2016年间，全国人口流动规模明显减小，主要人口流入地区均出现流入规模递减现象，甚至部分省市由人口流入转为人口流出态势。原人口流出地区出现回流现象，2015年，四川、重庆、河南、安徽、贵州、广西、湖北和湖南8地，除河南流出外，其他7地人口均转为流入，上述8地合计流入人口为70.8万人，与2010年相比，流出人数减少818.7万人。

### （三）职业特征

自流动人口产生以来，该群体的就业领域主要集中于劳动密集型的制造企业、建筑企业及餐饮旅游等服务类企业，此外还有一部分流动人口为自雇职业，也就是通常说的小商小贩群体。截至2016年，我国流动人口的就业比例为85.9%，与2015年相比有小幅上升，但与5年前相比，处于低位。其中，女性流动人口就业比例较低，2016年仅为77.5%，低于同年男性流动人口的93.9%；但与2015年相比，上升了1.2个百分点。女性流动人口就业比例低的主要原因有：怀孕或哺乳、料理家务或带孩子、没有找到合适工作等。而男性流动人口失业的原因则主要是没找到合适的工作及所在行业季节性或临时性的歇业。但是，有关专业人士预测，在我国经济“新常态”时期，经济节奏放缓，流动人口在流入地城市失业的风险将不断增大。

### （四）随迁子女的特征

依据《中国流动人口发展报告2017》显示，流动人口的子女群体——包含留守子女和随迁子女，其比例为1∶3。也就是说，农村户籍流动人口的子女，是以随父母迁居流入地城市的随迁子女群体为主。因为与父母一起随迁流入地城市，会比留守农村的儿童有更多的机会获得发达城市的教育资源。据统计，城市3～6周岁的随迁子女学前入学比例为60%以上，大大高于农村同龄儿童；在长三角、珠三角等部分发达城市，6～16周岁的随迁子女，有近50%能入学当地的公办学校，接受流入地的义务教育；16周岁以上的随迁子女，接受后义务教育阶段（下文简称“后义务阶段”）的教育的比例也显著高于农村留守儿童。

但是，从另一个角度来看，随迁子女的教育资源获取虽然是优于农村留守儿童，但是与流入地本地户籍人口的子女相比，其教育资源的获取就显得非常不公平。主要表现在：第一，义务教育阶段（下文简称“义务阶段”）入学率偏低，依然存在部分随迁子女不在学的现象；第二，学前教育缺失较大，本地人口子女在学龄前的入园率接近100%，但随迁子女还有四成左右未能入园，而且入园的随迁子女进入的基本是私立幼儿园；第三，后义务阶段入学机制没有保障，很多随迁子女在流入地勉强完成义务教育后，因为无法升入流入地的学校接受后义务阶段教育而被迫返回家乡，或者直接就业。

# 第二章

# 城市流动人口随迁子女教育问题的回顾

## 一、我国城市流动人口随迁子女教育问题的矛盾焦点

目前，有关流动人口随迁子女教育的研究基本集中在以下几个领域：教育公平、融合性教育、学科学习（包含学习习惯、方法等）、生理心理健康、家庭教育及政府教育体制和法规政策。

### （一）焦点一：教育公平

流动人口随迁子女的教育公平问题是以往教育界、公共管理界等较为关注的一个问题。所谓教育公平，是指国家对教育资源进行配置时所依据的合理性的规范或原则。从我们国家的教育体系和管理模式来看，对义务教育资源的配置基本都集中在户籍人口义务教育研究（即针对拥有户籍的城镇人口和农村人口），而专门针对入城务工外来人口子女的义务教育资源配置并没有单独的研究及著述。

### （二）焦点二：融合性教育

“融合”是流动人口随迁子女在心理、学习和行为等方面与他们所流入的城市的文化相融合，进而对该城市有亲切感和归属感。大多数流动人口随迁子女和该城市的孩子相比，在心理、生活、学习习惯等方面都存在明显差异。有关流动人口随迁子女与城市孩子的融合性教育的研究报道，目前国内对该方面的研究方法基本采用调查和个案。

### （三）焦点三：学科学习

流动人口随迁子女的学习成绩低于本地学生，似乎是一个很难改变的

刻板印象。在对该群体学习问题的研究中，往往都会选取某门学科为例，针对流动人口随迁子女的学习策略、习惯及方法展开研究。

### （四）焦点四：生理心理健康

流动人口随迁女生理及心理健康教育的问题，是教育部门及社会各界相对比较关注并研究得较多的一个问题，特别是流动人口随迁子女的心理健康问题，更是大家研究的焦点。

### （五）焦点五：家庭教育

家庭教育是在家庭生活中，由家长（首先是父母）对其子女实施的教育。而对于流动人口随迁子女的家庭教育，因为其父母往往要忙于生计，在家的时间较少，与他们的交流和沟通也少，所以各种问题相对比较凸显。目前对流动人口随迁子女的家庭教育方面的研究集中在两个方面：家庭经济与教养方式。

### （六）焦点六：政府教育体制和法规政策

1998 年后，国家教委和公安部开始重视流动儿童的入学问题，肯定了简易学校的存在，随着城市流动人口增长的速度加快，流动儿童增加，对学校的需求增大，外来流动人口子弟学校大量出现。2003 年，国务院办公厅转发《关于进一步做好进城务工就业农民子女义务教育工作的意见》，就进一步做好进城务工就业农村进城流动人口随迁子女义务教育工作有关问题提出若干意见。2006 年重新修订的《中华人民共和国义务教育法》又将解决外来流动人口子女义务教育问题写入了法律条例。但是，在法律已经明确规定的情况下，外来人员子女义务教育平等权依然无法真正得到保障。因此，社会各界针对涉及流动人口随迁子女受教育的体制和法规修订问题也有颇多探讨。

## 二、我国城市流动人口随迁子女教育问题研究的演变

### （一）流动人口随迁子女教育问题研究数量的演变

随着社会及经济的不断变革与发展，关于流动人口随迁子女教育问题的研究也越来越多。基于此，研究当前中国知网所能检索到的关于流动人口随迁子女教育问题的所有文献，按其研究数量、实施时间分布统计，从而发现关于此问题的研究有三个时间拐点——2001 年、2006 年及 2011 年，具体如图 2.1 所示。

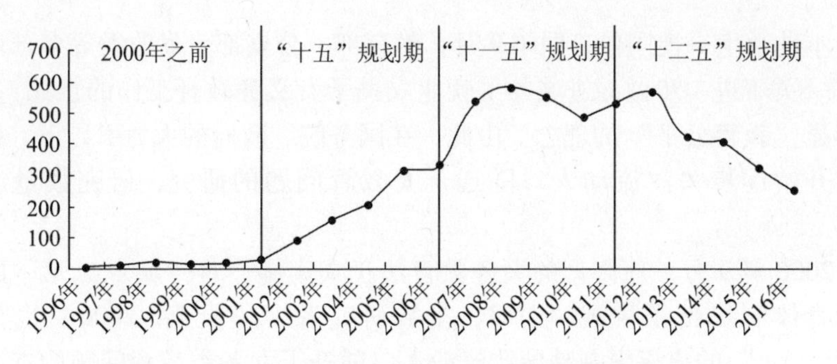


**图 2.1　流动人口随迁子女教育研究文献数量的时间分布**

2000 年前关于随迁子女教育问题的文献数量极少，而自 2001 年开始每年相关研究的数量逐步增加；2006—2011 年期间，相关研究的文献数量每年均达 500 ~ 600 篇；但自此之后，相关研究的数量又开始逐步下滑。而文献数量的变化，其实是与流动人口随迁子女教育问题的发展态势相一致的，如图 2. 2 所示。

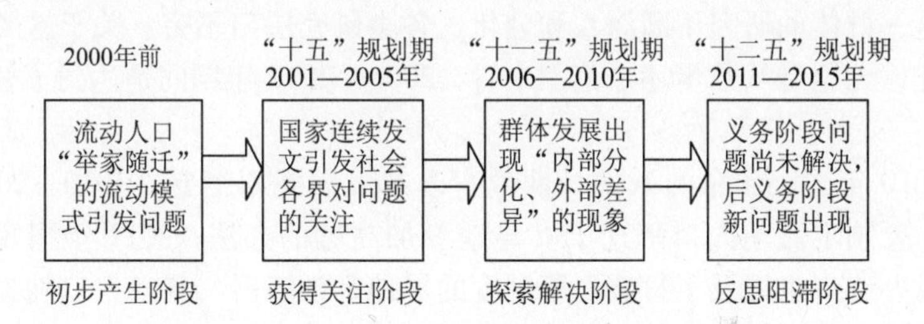


**图 2. 2　流动人口随迁子女教育问题的发展态势**

我国出现大规模的流动人口始于 20 世纪 80 年代，当时流动人口的主要特征为“农村流向城市”及“单身进城打工”，这种人口流动的状态一直持续到 20 世纪 90 年代初。而到了 1990 年后，开始出现少部分流动人口“举家随迁”的模式。也正因为如此，1995 年教育部把“解决流动人口子女教育问题”列入了当年的工作议程；同年《中国教育报》刊登的《流动的孩子哪儿上学——流动人口子女教育探讨》是目前认为最早涉及随迁子女教育问题的研究文献（周佳，2004）。

2000 年之后，以“举家随迁”模式涌入流入地的流动人口急剧增加，其随迁子女教育问题的矛盾日益突出。2001 年国务院印发的《关于基础教育改革与发展的决定》中特别指出，对于流动人口随迁子女的义务教育问题的解决途径应以“流入地政府管理为主，以公办全日制中小学为主”；2003 年 1 月国务院又颁发了《关于做好农民进城务工就业管理和服务工作的通知》，强调流入地政府公办中小学在接收农民工子女入学的条件上应与本地学生一视同仁；同年9月，教育部、公安部、发改委等多部联合发文《关于进一步做好进城务工就业农民子女义务教育工作的意见》，初步彰显“教育公平”的理念。由此，在国务院、政府的大力引导下，社会各界开始逐步关注流动人口随迁子女教育问题的研究，研究数量逐年增多。

2006年9月，新修订的义务教育法正式实施，对“城乡二元”的义务教育体制提出了挑战。同时，多数研究者（华灵燕，2006）也指出“城乡二元”的户籍限制是导致流动人口随迁子女各类教育问题的本质原因。由于户籍的限制、“城乡二元”的差异，致使随迁子女在流入地入学、升学成为难题；而在流入地开办的流动人口随迁子女学校的教学条件和师资队伍较弱，又使得随迁子女在学习成绩、心理健康及生理卫生等方面的表现均不如本地学生。此外，就流动人口随迁子女群体本身而言，由于家长资本、地区资本及其他资本的差异，使得这一群体内部的差异也极为显著，群体内部层次的分化也较为明显。正因为上述差异问题的存在，学者们对这一群体的研究不断深入和分化，各类研究层出不穷。关于这类问题的研究，无论是从数量还是范围来看，2006—2010年期间是达到了暂时的峰值。

2010年国家颁布的《中长期教育改革发展规划纲要（2010—2020）》指出，要制定流动人口随迁子女异地参加高考的办法；2012年国家的户籍改革办法中也提及了打破户籍制度的异地升学障碍。流动人口随迁子女教育问题已成为国家和社会的焦点，我国各经济区域特别是流动人口较为集中的沿海发达地区，相继出台了各类解决随迁子女的教育的应对措施，如北京、上海及广东等地区，其流动人口随迁子女的教育政策还成为各地效仿的对象。尽管如此，随着时间的推移，最早一批随迁子女已开始步入成年，成为城市中的“流二代”，继而又引发了诸多社会问题，如后义务阶段的去向不明，成为城市新生的“盲流”群体，对父辈的职业不认同等。而继发问题的出现，使得社会各界的学者开始意识到——虽然经历了数年的研究和实践，但目前流动人口随迁子女教育问题并没有得到根本性的解决，也没有一个系统的理论去支撑，研究数量开始逐年递减。

### （二）流动人口随迁子女教育问题研究视角的演变

依据中国知网所能检索到的相关文献，有关流动人口随迁子女教育的研究基本集中在以下几个视角：教育公平、融合性教育、学科学习（包含学习习惯、方法等）、生理心理健康、家庭教育及政府教育体制和法规政策等。其中，教育公平、融合性教育、生理心理健康教育及政府教育体制和法规政策是最主要的领域，如图 2.3 所示。

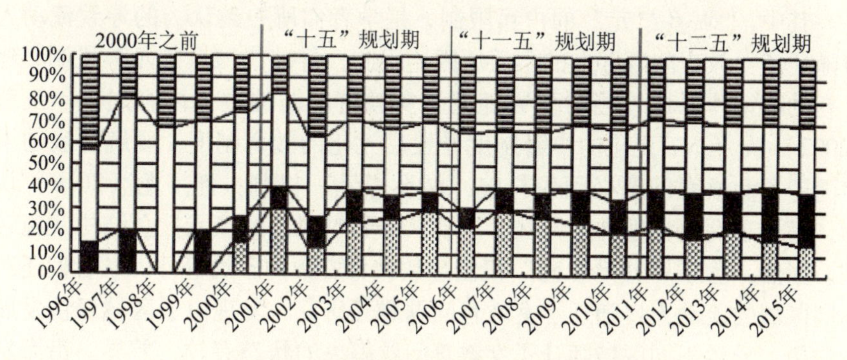


**图 2.3　流动人口随迁子女教育问题研究的主要视角分布**

2000 年以前关于流动人口随迁子女教育问题的研究几乎很少，研究的角度也基本集中在两个方面，一是对解决随迁子女教育问题的意义进行探讨，二是对解决随迁子女在流入地接受教育提出初步对策。这一时期，明庆华（1995，1996，1999）等人的研究相对连续，先后从职业教育、义务教育、家庭教育及社会教育等角度阐述了流动人口随迁子女教育问题的影响及意义，又从人口学、社会学、教育学等角度提出解决随迁子女教育问题的对策。

而 2000 年之后，流动人口随迁子女教育问题的研究开始逐年增多，诸多学者均把研究的角度集中在随迁子女在流入地入学难的现象上，继而较多的研究均为探讨教育公平和教育机会均等的问题。钱志亮（2001）指出，教育公平是农村人口流入城市致使社会转型时期必须面对的一个问题；邬开东（2004）认为，城市流动人口在基本国民待遇上没有与城市居民对等，导致流动人口随迁子女教育的不公平；赵欢君（2005）认为，流动人口随迁子女在城市的教育起点、教育过程及教育结果均存在与城市人口不均等的机会，因此导致他们整体教育的不公。虽然教育公平问题是 2000 年之后关于流动人口随迁子女的研究最为集中的一个视角，但是这一时期关于这方面问题的研究也开始向多学科方向发展，除教育学、人口学及社会学外，部分学者还从政治、心理、经济、法律甚至生理卫生等角度对随迁子女的教育展开了初步讨论。

2006 年后，随着我国进入“十一五”规划期，随迁子女的教育已经成为社会的一个普遍性问题。这一时期关于该问题的研究，除了涉及多学科领域外，研究的内容也不断细化，如流动人口随迁子女学习环境的适应性（郑晓康，2006）、流动人口随迁子女家庭教育的策略（霍霖霞，

2007)、公立学校内的流动人口随迁子女社会距离测量（许传新，2009）等。其中，“城乡二元”的户籍限制，是学者们所一致认为的导致流动人口随迁子女教育问题存在的本质原因。因此，打破“城乡二元”机制，建立新的政策体系成为当时研究随迁子女教育问题的主流内容之一。王莹（2007）认为，二元化的户籍制度导致二元化的教育制度，要解决流动人口随迁子女教育问题必须先打破“城乡二元”机制；邵书龙（2010）认为，随迁子女要实现向上层社会流动，需要对现行的二元社会结构实施转型。当然，除了“城乡二元”机制导致教育资源的不均等外，学者们还对不同区域的流动人口随迁子女教育问题展开研究，发现由于区域经济发展不均衡，导致不同区域随迁子女教育问题解决的状态有较大差异。沿海发达地区，如北京、天津、上海、江苏、浙江及广东等地的流动人口随迁子女教育政策在这一时期有了本质性的进展，其中上海市在保障随迁子女教育的政策机制上的改革是最受全国关注的（胡瑞文，2008；吴晓燕，2009；高慧，2010）。可以说，“十一五”规划期是关于流动人口随迁子女教育问题的研究视角涉及面最为广泛的一个阶段。

自 2011 年开始，关于流动人口随迁子女教育研究的数量开始逐年递减，研究的视角除了之前研究得较多的义务阶段的教育公平、融合性教育及心理健康教育等问题外，也有学者将目光投向了流动人口异地中高考问题的研究，但这依然属于教育公平的范畴。叶庆娜（2011）指出，流动人口随迁子女无法顺利进入高中阶段学习，其关键因素是异地中考制度的不完善；高向东（2012）指出，流动人口随迁子女在流入地参加高考的考试改革若不尽快执行，将不利于社会和谐发展；孙新（2013）就异地高考从流入地类型和条件设置展开分析，给出了初步的改革方案；周秀平（2015）认为，涉及随迁子女异地中考、高考等升学问题的因素很多，需要国家多部门的联合机制予以保障。尽管如此，也有学者指出，流动人口随迁子女教育问题已经研究了多年，但是从目前研究的状况来看，该问题并没有得到根本的解决和突破（吕利丹，2012；刘谦，2015）。

### （三）流动人口随迁子女教育问题研究方法的演变

流动人口随迁子女教育问题从出现到受到关注，再到发展，甚至出现阻滞，整个演变过程离不开各类方法和技术去支撑各个阶段的研究。从总体来看，该问题的研究方法主要分为思辨研究和调查研究，同时辅以个案、实验等研究，而各类研究方法中所涉及的研究技术更是层出不穷。依据中国知网所检索到的文献，各主要研究方法分布如图 2. 4 所示。

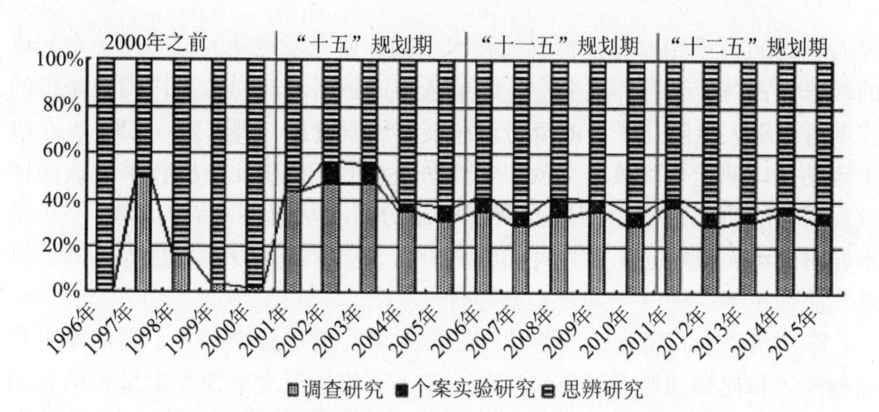


**图 2.4　流动人口随迁子女教育问题的主要研究方法**

流动人口随迁子女教育问题研究之初，多采用思辨研究的方法。2000年之前的所有相关文献中，较有影响的调查研究中仅赵树凯（2000）采用调查的手段，对北京市 100 所学校的外来务工子女的教育情况展开研究；而调查数据所涉及的技术也仅为描述性百分比统计。

进入 21 世纪后，研究者们开始意识到，要对流动人口随迁子女教育问题深入研究进而探求有效的解决途径，其基础是要对该类群体的现状有充分的了解，这就需要运用调查研究的方法。因此，在 2000—2005 年期间，对随迁子女教育问题的调查类相关研究几乎占所有文献的一半（如图 2.4 所示）。韩嘉玲 2001 年在《青年研究》上发表的《北京市流动儿童义务教育调查报告》被认为是当时较为详细和完整的一份调查研究；李雅儒等人（2003）从教育机制的各个角度对北京市流动人口随迁子女的教育现状展开调查并提出对策。除了对北京地区的流动人口随迁子女教育现状实施调查外，全国各流动人口集中涌入地均有类似的调查报告，如赵娟（2003）对南京地区流动人口随迁子女教育现状展开调查，沈小革等人（2005）对广州流动人口随迁子女义务教育展开调查。除了运用调查手段了解随迁子女的教育现状外，2000 年之后还出现了个案研究，沈逸（2003）对上海市闵行区的流动人口随迁子女展开扎根式的访谈研究，以点射面来了解随迁子女的教育困境。

2006 年之后，随着流动人口随迁子女教育问题研究的多元化，研究者们除了采用思辨法、调查法及个案法外，还出现了实验等实证研究手段。张希（2008）采用实验干预的手段，对苏州市流动人口随迁子女的学业求助能力实施研究；马良（2007）采用实证研究的手段，从社会环境、学校实践和家庭关系三方面探讨了流动人口随迁子女流入地义务教育实施的现实性。而研究方法的多样性也带来了相对高级的研究技术，如郑晓康等人（2006）采用差异性检验的技术手段，研究了流动人口随迁子女父母的教养方式与其学习环境适应性的关系；许传新（2008）采用回归分析的技术对流动人口随迁子女的身份认同展开因素分析；邵秀娟（2009）在收集流动人口随迁子女教育文献和专著的基础上，运用元分析技术对该群体教育问题的研究现状、问题及展望实施分析。从总体来看，2006 年后学术界对流动人口随迁子女教育问题的研究方法依然是以调查法为基础，以思辨法为主导，辅以个案及实验等研究。

在对流动人口随迁子女教育问题深入研究的过程中，为了更清晰更准确地阐述和挖掘问题，该类研究在方法上逐步呈现出定性和定量相结合的倾向。在一些以思辨为主的质化研究中，研究者为了使自己的研究结论更具有说服力，往往会采用定量的技术手段来佐证。比如，周谷平（2012）采用词频技术，对流动人口随迁子女教育公平的政策展开分析；周国华（2014）采用文本匹配技术对流动人口随迁子女教育政策的执行机制进行解释；雷万鹏（2015）采用指标技术对流动人口随迁子女接受义务教育的情况进行描述，进而由教育公平探讨制度和政策的变革。在调研等以量化为主的研究中，研究者不仅仅就调查数据进行定量分析，而且他们往往也会依据定量的结果运用思辨的质性手段，从理论层面和机制层面进一步挖掘，从而更凸显研究的价值。比如，叶庆娜（2011）在调查了流动人口随迁子女高中教育现状的基础上，采用了归纳、类比等思辨手段对该群体的现状、政策及障碍展开分析；刘成斌（2013）在对流动人口随迁子女社会分化情况调查的基础上，采用构建法反思了中国人口流动制度。而由于 2011 年之后，整个社会发展进入了大数据时代，因此部分学者也利用大数据的信息来源，对流动人口随迁子女教育问题展开研究。段成荣等人（2013）利用第六次人口普查数据，对流动儿童生存和发展问题展开分析和对策研究。此外，还有少数学者利用博弈分析等经济学的技术手段，对该类群体展开研究（吴丹英，2015）。

### （四）流动人口随迁子女教育问题研究的演变特征

基于上述对流动人口随迁子女教育问题的研究概述，依据其各方面研究的演变过程，将研究特征总结如表 2. 1 所示。

**表 2.1　流动人口随迁子女教育问题研究的演变特征**

| | 2000 年之前 | “十五”规划期 | “十一五”规划期 | “十二五”规划期 |
|---|---|---|---|---|
| 研究演变 | 萌芽 | 初步 | 深入 | 分化和阻滞 |
| 研究视角 | 多集中在对研究问题意义的探讨，并且形成初步的对策 | 相当一部分研究者呼吁教育公平，并探讨流动人口随迁子女的入学保障机制 | 众多研究基于“城乡二元”机制，探讨教育资源均衡问题，开始关注群体的内部和外部的分化问题，并结合各地区域展开研究 | 研究侧重于户籍改革，因研究群体的年龄增长，部分研究者转向研究继发问题，但多数探讨异地中高考制度 |
| 研究方法 | 思辨研究为主导，仅有少量调查研究；研究技术较为简单，如采用描述性统计 | 思辨和调查研究为主导，其中调查研究大幅增多，出现少量个案研究，研究技术简单 | 除思辨、调查及个案法外，还有实验研究；而研究的技术也趋于复杂和多样，如采用差异性检验、回归分析及元分析等手段 | 出现定性和定量相结合的研究趋势，并且新的技术手段开始尝试性地运用于该类问题的研究，如博弈分析 |
| 研究特征 | 研究文献数量少，研究内容不系统，没有理论作为支撑 | 研究文献数量逐年递增，但研究内容并不系统，主要研究理论为“教育公平” | 研究文献数量上达到峰值，其中也不乏高质量、系统性的研究；但大部分研究内容泛化，并缺少理论支撑 | 研究数量出现下降趋势，且研究的质量也参差不齐；系统性研究缺乏，无新的研究理论支撑，研究出现阻滞 |

## 三、当前阻滞我国城市流动人口随迁子女教育问题研究的症结

通过对我国 20 多年来城市流动人口随迁子女教育问题研究现状的梳理，目前对该群体的研究已经形成了相当成熟的范式。研究者们一般基于实际的调查而对问题展开分析、探讨和决策，并且其中部分研究成果在解决随迁子女教育问题的过程中起到了一定的积极借鉴作用。比如，目前国内各发达城市的随迁子女义务教育阶段的入学问题已有基本的保障机制，各流入地均存在一定数量的民办打工子弟学校来接纳流动人口随迁子女入学，而流入地政府也尽可能地将本区域的各类社会教育资源有目的地向当地流动人口开放。尽管如此，进入“十二五”规划期后，我国关于流动人口随迁子女教育问题的研究却开始出现了阻滞现象，回顾我国流动人口随迁子女教育问题研究的演变特征，探究其原因，主要有以下几个方面：

### （一）研究目标不具备发展性眼光

从对不同时期流动人口随迁子女教育问题研究视角的归纳中可以发现，每个研究阶段的视角是和我国第一代流动人口随迁子女教育过程中因年龄增长而产生的问题联系在一起的。比如，当第一代随迁子女群体刚刚出现时，关于该类群体在流入地的入学难问题、受教育机会不公等问题是学术界讨论得最多的；当流动人口随迁子女成长到一定年龄阶段后，该群体与本地学生出现了各类差异，研究者们又开始讨论“城乡二元”机制导致这类差异分化的存在；而在流动人口随迁子女教育问题出现了十多年后，当他们面临升学考试问题时，学者们则将研究重心又转到了异地中高考制度上来；当前，随着第一代流动人口随迁子女步入成年，其因缺失职业生涯教育而暴露出来的各种问题也日益显现。众多研究者们发现随迁子女这一群体似乎有“永远解决不完”的问题。探究这一研究“怪象”存在的原因，主要是因为研究者们在对流动人口随迁子女教育问题的研究中往往是静态地“就事论事”，而没有立足个体成长、社会化及受教育的整体历程。

### （二）研究成果的实践有效性差

流动人口随迁子女教育问题的研究，经历了20多年的发展演变，获得了较多的研究成果，但是这些研究成果能真正应用于实践、指导实践的并不多。回顾各类问题相关的研究，学者们一般立足两个角色来提出解决对策：一是以政府公共管理方的角色，二是以教育管理者的角色。但这些问题解决对策的执行现状及有效性却不尽如人意。这是因为大家在对随迁子女教育问题进行研究时，总是以客观观察者的身份去展开调研和分析，往往忽略该群体对其研究内容的赞同性，也忽略了其研究对策可能会与该群体自身发展需求存在冲突。此外，一些学者在借鉴发达地区和国家关于流动人口随迁子女教育问题的解决策略时，往往会犯生搬硬套的错误，没能结合我国流动人口的特征提出合适的对策。上述原因导致了众多研究成果在实践应用过程中出现“弱操作性”，甚至是“无效性”。

### （三）研究方法和技术相对单调

流动人口随迁子女教育问题研究的方法中，采用得最多的是思辨法。研究者依据现有文献资料有效地总结了前人研究的精华，也加入了研究者自身的观点；但观点是否正确，却较难得到证实。此外，调查法也是当前研究流动人口随迁子女教育的主流方法，对于调查所获得的数据，常采用

描述性统计手段，或者相关分析及回归分析等统计技术来处理；但是由于流动人口存在流动性、多变性及自身群体内部分化差异较大，简单的调查方法和统计技术手段已经较难深入挖掘问题了。其实，依据多年来流动人口随迁子女教育问题的研究视角，该问题既是教育学领域研究的内容之一，也是社会学、人口学、心理学、政治学及经济学等领域的关注点。仅从研究方法和技术来看，虽然也有新方法、新技术，但总体来说，流动人口随迁子女的教育研究并没有像其他学科来得丰富，因此对该群体深层次的问题也较难挖掘。

## 四、今后我国城市流动人口随迁子女教育问题研究的趋向

虽然目前我国对城市流动人口随迁子女的教育研究出现了阻滞，但学术界也因此在不断反思，对这一问题的研究将依然持续。因此，基于上述几个问题，笔者认为在今后特别是“十三五”规划期，我国关于城市流动人口随迁子女教育问题的研究应当注意以下几个问题：

### （一）研究目标应立足构建有利于随迁子女职业发展的教育通道

正如上文所述，流动人口随迁子女教育问题层出不穷，其原因在于没有构建动态性的研究目标。因此，对流动人口随迁子女的研究不应仅仅立足解决义务教育阶段的问题，其研究目标不应仅保障他们和流入地学生一样能平等享受九年义务教育的权利或获得“异地升学”的资格；而是应该立足其今后的职业发展，应该将其教育问题与其整个成长历程动态地联系起来，打造一个有利于他们就业的教育通道。当然，也有少数学者曾指出流动人口随迁子女后义务教育阶段的教育应该和职业教育相结合展开研究（刘诠路等，2006），但其成果尚不能成为一个可供践行的方案。其实在流动人口随迁子女教育问题产生之初，研究者若立足于个体受教育的整体历程，发展性、动态性地去探讨该群体的问题，那么所提出的解决对策将具备一定的预见性，其实施的有效性也将高于静态性的“就事论事”的对策意见。因此，在今后的研究中，研究者的研究目标应将短期的和长期的相结合，既探讨流动人口随迁子女在某个点上所面临的问题，还要兼顾问题解决对策是否有利于其将来的职业发展。通过对各个点的研究，能将研究成果串联为有利于该群体职业发展的教育通道。

### （二）研究成果应为政府部门服务并满足随迁子女内在发展的需求

目前大部分对流动人口随迁子女的调查研究基本是针对他们的学习现状、生理心理健康现状以及社会融合现状，几乎没有针对随迁子女自身学习和发展需求的调查研究，也几乎没有学者探讨相关问题。虽然研究成果是为政府部门服务，为其制定相关的决策和政策提供参考；但是，因为忽视了流动人口随迁子女自身内在的诉求，导致这些决策和政策的落地实践存在困难。由此，研究者在对随迁子女教育问题产生的原因的分析过程中，不应过分强调该类群体的外部因素，不应忽视他们的教育诉求，也不应忽视他们内在的发展需求。而是应该在了解流动人口随迁子女教育内在发展需求的基础上，对其实施内在需求的引导；由内在需求出发，控制协调外部因素，进而提出为政府相关部门管理服务的对策机制，化解当前政府及教育管理部门的政策与随迁子女的教育诉求之间的不一致，促进研究成果有效实践。

### （三）研究方法应依据流动人口群体特征选择多元化研究手段

首先，由于“城乡二元”机制的存在，使得流动人口及其随迁子女具有流动性特征，其成长地和居住地的不稳定，导致对其追踪研究存在较大的困难，也使得时间统计等技术手段较难运用；但是，如地理学中常采用的空间统计，恰恰可以针对流动性的特征，从空间横向对流动人口随迁子女展开追踪分析。其次，经历了多年的城市生活，随迁子女群体自身也因所获得的城市资源不同，产生了内部分化，因此多层性也是流动人口随迁子女的一个特征。传统的相关分析、回归分析等技术手段很难对这一特征进行深入挖掘，但在回归分析等统计技术基础上发展起来的多层线性模型却能较好地解决这一问题。再次，由于流动人口随迁子女的多变性，在收集调研样本时，存在大量数据缺失和无效的现象，可以采用目前较新的数据分析技术，如数据挖掘中的神经网络模型，灰色系统中的灰色关联、预测、分类技术等。当然，新的实证技术固然能深入探究很多问题，但是也不能摒弃传统的研究手段，如扎根、实地访谈及实地调研等，这些都是获取流动人口随迁子女教育问题一手数据资料的重要手段，也是运用所有技术方法的前提和基础。

综上所述，流动人口随迁子女在我国是一个不可忽视的、数量较为庞大的群体，这一群体如果能得到良好的教育引导和职业规划，今后将成为我国经济社会建设的重要人力资源之一。一个城市（地区）的经济在不断增长和发展，这个城市（地区）就必定会存在流动人口这一群体，而随迁

子女的教育也必定是该城市（地区）的社会热点。因此，流动人口随迁子女教育问题仍将是社会各界关注和研究的一个重要内容，只有将这一问题突破目前的研究瓶颈，才能使其研究内容深入化、研究成果实效化，最终较系统地解决该群体的教育问题。

# 第三章

# 城市流动人口随迁子女义务阶段的教育现状

国家计生委2013年发布的报告指出，我国流动人口随迁子女义务阶段不在学的比例较高，学业延迟、不连续的情况较为严重，进而导致这部分群体过早地踏入社会，成为劳动力市场的弱势群体。而即使是在学的这部分流动人口随迁子女，他们所受的义务教育情况也有所不同，最直观的差异便是就读的学校不同——公办学校和民工子弟学校。一般研究认为，就读于公办学校的流动人口随迁子女，其所拥有的教育资源、软硬条件均要优于就读于流动人口子弟学校的。但由于各方面条件和政策的限制，流动人口随迁子女能就读于公办学校的仅是少部分，大部分民工子女只能就读于流入地的民工子弟学校。

为进一步探究城市流动人口随迁子女义务阶段的教育现状，本章将以流动人口较为集中的城市苏州市为例，对流入苏州的就读不同性质学校的流动人口随迁子女义务阶段教育现状展开调查并实施比较分析研究。

## 一、城市流动人口随迁子女义务阶段教育现状的概况

2012年，苏州已宣布实有人口超过1 000万，成为超大型城市。而一年后的2013年，这个数字迅速增至1 300万。截至2016年，苏州实有人口已达1 300万，其中常住外来人口已超过本地户籍人口。苏州已成为仅次于深圳的全国第二大移民城市，外来流动人口数则占整个江苏省流动人口数的1/3。据不完全统计，2016年在苏就读公办学校的流动人口随迁子女大约有13万人；就读于在苏民工子弟学校的已超15万人，其中约有7

万人就读于审核达标的民工子弟学校。苏州作为教育发展水平位于江苏全省乃至全国前列的城市，正力争创建“全国首个义务教育发展基本均衡地级市”。

### （一）教育资源无法完全满足当前在苏民工子女的需求

2004 年，苏州推进公办学校吸纳外来流动人口随迁子女入学的政策，在苏统计在册的 20 万随迁子女学生中已有约 11 万人进入公立学校就读，其余 9 万余名随迁子女分散在各类民工子弟学校就读。据不完全统计，2015 年，在苏统计在册的随迁子女学生已达 31 万，占全市义务教育阶段总人数的 51% 以上，在公办学校入学的人数约为 13 万，另有 15 万多人就读于通过审核的民工子弟学校。但据苏州教育部门非正式估计，还有近 2 万多的流动人口随迁子女中的适龄学生，就读于未审核达标的民工子弟学校，并且还有个别随迁子女处于失学状态。相关数据如表 3. 1所示。

**表 3. 1　2004 年与 2015 年在苏流动人口随迁子女就读学校分布情况**[1]

| | 公办学校 | 民工子弟学校 | | 失学状态 |
|---|---|---|---|---|
| | | 教育部门审核达标 | 教育部门未审核达标 | |
| 2004 年 | 11 万 | 9 万 | — | 部分 |
| 2015 年 | 13 万 | 15 万 | 不到 3 万 | 个别 |

从表 3. 1 来看，苏州近十多年来，流动人口随迁子女就读苏州当地公办学校的人数仅少量增加，而审核达标的民工子弟学校可接纳的人数与近十年来苏州外来流动人口增长量明显存有差距。原来部分已经审核达标的民工子弟学校，因为苏州市政府新城区的改造建设，失去了办学的校舍，又因为资金原因，找不到合适的场地而停办；或者找到了场地，却在再次审核的时候被评定为不达标。换言之，大量随迁子女目前只能就读于未经苏州教育部门审核通过的民工子弟学校，或者还有相当一部分处于失学状态。

从 2013 年起，教育部《中小学生学籍管理办法》正式实施。根据该办法，今后全国每个中小学生都将有“唯一学籍号”，且新学籍绑定身份证号，确定了“一人一籍，籍随人走，终生不变”。2014 年，苏州市教育部门为了贯彻新学籍管理制度，并进一步规范外来民工子弟学校的学籍管

[1] 数据由 2005—2016 年苏州教育部门相关资料整理获得。

理工作，将不再对未经审核备案的外来民工子弟学校及经审核备案的外来民工子弟学校非法举办的初中班招收的学生办理学籍注册手续。这对“人户分离”的流动人口随迁子女在苏入学是极其不利的。依据苏州市教育部门的相关资料显示，在苏州大市范围内审核备案的外来民工子弟学校共有73所，苏州市区（包括园区、新区、相城区和吴中区）仅17所，这些资源远远满足不了目前在苏流动人口随迁子女的入学需求。

2016年1月1日，苏州正式实施《流动人口随迁子女入学积分制度》，让流动人口享受到户籍准入、子女入学和子女参加苏州城乡居民医疗保险（以下简称“入医”）等相关福利待遇。实施积分入学管理工作后，在苏流动人口随迁子女入学办法以本细则的相关规定为准，而原来对流动人口随迁子女的入学政策将予以废除。积分制度的实施，一定程度上给流动人口随迁子女享受本地居民子女同等受教育权带来了有利条件，也在法规上健全和保障了随迁子女的义务阶段教育问题，但是还存在如下几个问题：第一，流动人口参加积分管理后，并不意味着他们的随迁子女一定能就读公办学校，这需要他们的积分分值达到一定要求；第二，即使流动人口随迁子女获得了在苏公办学校的就读资格，但他们的学位也仅是在满足本地居民子女后的调剂品，一般来说，这些下放空余学位给流动人口随迁子女的公办学校，其本身的师资、软硬件等资源条件均属于苏州市中下水平，随迁子女与本地学生获得同等教育资源的愿景还有待进一步实现。

### （二）部分民工子弟学校的软硬件条件不达标准

据苏州市教育管理相关部门统计，2016年苏州大市范围内通过审核备案的民工子弟学校共有123所，还有大约20所学校未能通过审核。这些学校基本设施条件差，师资力量不足，消防、饮食、交通及防疫等方面均存在着安全隐患，不具备办学资质。但是，教育部门却无法取缔它们，因为一旦取缔，将有大量流动人口随迁子女面临失学状态，一般只能督促其整改。而这些未通过审核的民工子弟学校也基本采用边修建、边招生、边申报的手段。在本次研究调查的几所学校中，就发现了上述问题。如吴中区的阳光学校，一共在校学生有2 200人左右，但教室只有25间，基本是80个学生挤在一间50～60平方米的教室内学习；高新区的东冉学校，在校学生一共有1 400人，但教师总数只有40余人，平均师生比为1∶35；平江新城的郢都学校，因为学校办学总面积只有0.001 5平方千米，学生们每次上体育课均要步行1千米的路程到附近公办学校的操场上去。

虽然近年来苏州市政府及相关部门对流动人口随迁子女的教育出台了各种政策予以扶持，但与公办学校相比，还是缺少社会各界的鼓励和支持。据苏州市教育部门解释，目前苏州公办学校中随迁子女的拨款跟户籍学生是一样的，但是义务教育阶段的非公办学校却得不到这笔拨款，存在经费缺失的现象，这也是造成民工子弟学校办学条件差的首因。很多在苏的民工子弟学校，特别是未通过审核的学校，是在“顺其自然”的状态下生存，进而又加大了它们“达标”的难度。

苏州作为我国经济、科技、文化及教育等方面的发达城市，流动人口随迁子女义务阶段的教育工作已经走在全国前列。综合上述两个方面，在苏流动人口随迁子女义务阶段教育的整体概况在不断进步和优化，但离苏州《政府工作报告》里“力争成为全国首个义务教育发展基本均衡地级市”的目标还有一定差距。

## 二、城市流动人口随迁子女义务阶段教育现状的调查研究

### （一）研究过程

1. 研究方法与工具

本次研究的时间跨度为 2016 年 10—12 月，主要采用问卷调查的形式，依据最初确定的不同研究对象，设计了学生问卷、教师问卷和家长问卷。其中，学生问卷主要包含他们的学习状况、城市适应情况及对老师的喜爱程度等几个方面；教师问卷则涉及了教师的文化程度、对学生的评价等问题；家长问卷包含了家庭经济情况、家长对子女的期望及关心程度等问题。所有问卷调查问题均采用选择形式，选项设置为“是/否”。若调查对象选择“是”，则计 1 分；反之，则不计分。其数据处理采用 Excel 2007 及 SPSS 17.0 软件辅助完成。

2. 研究对象

本次调查采用重点调查和分层随机取样的手段，抽取了在苏州市（包括姑苏区、园区、新区、相城区和吴中区）范围内的外来民工子弟学校及在上述范围内就读公办学校的、处于义务教育阶段的外来流动人口随迁子女学生及他们的家长和教师。其中发放学生问卷 1 250 份，回收有效问卷 1 139 份，有效率为 91.1%；发放教师问卷 250 份，回收有效问卷 245 份，有效率为 98%；发放家长问卷 1 150 份，回收有效问卷 955 份，有效率为 83%。各有效调查对象的具体情况如表 3.2 所示。

**表 3.2 不同性质学校的研究对象分布**

| 调查对象 | 学校性质 | | | |
|---|---|---|---|---|
| | 公办学校 | | 民工子弟学校 | |
| | 人数 | 百分比/% | 人数 | 百分比/% |
| 学生 | 509 | 44.7 | 630 | 55.3 |
| 教师 | 113[1] | 46.1 | 132 | 53.9 |
| 家长 | 469 | 49.1 | 486 | 50.9 |

## （二）研究结果

依据上述调查对象的不同，分学生、教师及家长三个部分实施结果分析。

### 1. 流动人口随迁子女学生的调查结果

关于流动人口随迁子女学生的调查问卷共有7项内容，分别是“你在这里能适应吗?”“你是否每周都有不到校的情况?”“你在学校受过奖励吗?”“你在学校受过惩罚吗?”“你是否喜欢自己学校的老师?”“你有自己固定的兴趣爱好吗?”“你是否利用课余时间外出打工?”，依照研究方法的计分规则，分别计算出就读公办学校和就读民工子弟学校的流动人口随迁子女学生的总分（$\sum$）、平均数（$\overline{X}$）及标准差（$S.D.$），并对两个群体的7项调查内容实施T检验。其具体统计结果如表3.3所示。

**表 3.3 就读不同性质学校的流动人口随迁子女学生的调查结果**

| 调查问题 | 公办学校 $N=509$ | | | 民工子弟学校 $N=630$ | | | $t$ | $Sig.$ |
|---|---|---|---|---|---|---|---|---|
| | $\sum$ | $\overline{X}$ | $S.D.$ | $\sum$ | $\overline{X}$ | $S.D.$ | | |
| 你在这里能适应么? | 489 | 0.96 | 0.194 | 580 | 0.92 | 0.271 | 2.904** | 0.004 |
| 你是否每周都有不到校的情况? | 7 | 0.01 | 0.117 | 23 | 0.04 | 0.188 | −2.503* | 0.012 |
| 你在学校受过奖励么? | 265 | 0.52 | 0.500 | 360 | 0.57 | 0.495 | −1712 | 0.087 |
| 你在学校受过惩罚么? | 101 | 0.20 | 0.399 | 139 | 0.22 | 0.415 | −0.913 | 0.361 |
| 你是否喜欢自己学校的老师? | 475 | 0.93 | 0.250 | 612 | 0.97 | 0.167 | −2.960** | 0.003 |

[1] 公办学校的教师，指的是在教授就读公办学校的流动人口随迁子女学生的教师人员。

续表

| 调查问题 | 公办学校 $N=509$ | | | 民工子弟学校 $N=630$ | | | $t$ | *Sig.* |
|---|---|---|---|---|---|---|---|---|
| | $\Sigma$ | $\bar{X}$ | *S. D.* | $\Sigma$ | $\bar{X}$ | *S. D.* | | |
| 你有自己固定的兴趣爱好么? | 416 | 0.82 | 0.387 | 483 | 0.77 | 0.423 | 2.105* | 0.036 |
| 你是否利用课余时间外出打工? | 176 | 0.35 | 0.476 | 340 | 0.54 | 0.499 | -6.689** | 0.000 |

注:"*"表示 $Sig. < 0.05$,"**"表示 $Sig. < 0.01$.

依据T检验的结果,7项调查内容中,两类学校的学生在问题"你在这里能适应吗?""你是否每周都有不到校的情况?""你是否喜欢自己学校的老师?""你有自己固定的兴趣爱好吗?""你是否利用课余时间外出打工?"5个项目上,*Sig.* 值均小于0.05,可以判断为存在显著差异。

2. 流动人口随迁子女教师的调查结果

关于流动人口随迁子女教师的调查内容共有4项,请老师们分别评价和判断"大部分随迁子女是否热爱学习?""大部分随迁子女是否自尊很强?""大部分随迁子女性格是否内向?""你是否对随迁子女有同情倾向?"。任教于不同性质学校的流动人口随迁子女教师在4项内容上的总分($\Sigma$)、平均数($\bar{X}$)、标准差(*S. D.*)及两个群体的T检验结果如表3.4所示。

**表3.4 任教于不同性质学校的流动人口随迁子女教师的调查结果**

| 调查问题 | 公办学校 $N=113$ | | | 民工子弟学校 $N=132$ | | | $t$ | *Sig.* |
|---|---|---|---|---|---|---|---|---|
| | $\Sigma$ | $\bar{X}$ | *S. D.* | $\Sigma$ | $\bar{X}$ | *S. D.* | | |
| 大部分随迁子女是否热爱学习? | 83 | 0.73 | 0.444 | 124 | 0.63 | 0.485 | 1.781 | 0.076 |
| 大部分随迁子女是否自尊很强? | 34 | 0.30 | 0.461 | 0 | 0 | 0 | 6.943** | 0.000 |
| 大部分随迁子女性格是否内向? | 49 | 0.43 | 0.498 | 22 | 0.17 | 0.374 | 4.681** | 0.000 |
| 你是否对随迁子女有同情倾向? | 20 | 0.18 | 0.383 | 0 | 0 | 0 | 4.908** | 0.000 |

注:"**"表示 $Sig. < 0.01$.

依据T检验结果,4项调查内容中,关于"大部分随迁子女是否自尊很强?""大部分随迁子女性格是否内向?""你是否对随迁子女有同情倾向?"这3项,任教不同性质学校的教师群体存在显著差异。

3. 流动人口随迁子女家长的调查结果

关于流动人口随迁子女家长的调查内容共有4项，分别是“你们目前的居住地是否租赁?”“你是否经常询问子女的学习情况?”“你是否为子女报名课外学习班?”“孩子初中毕业后是否想继续留苏?”。就读于不同性质学校的流动人口随迁子女家长在上述4项内容上的总分（Σ）、平均数（$\bar{X}$）、标准差（*S. D.*）及两个群体的T检验结果如表3.5所示。

**表3.5 不同性质学校的流动人口随迁子女家长的调查结果**

| 调查问题 | 公办学校 $N=469$ | | | 民工子弟学校 $N=486$ | | | $t$ | *Sig.* |
|---|---|---|---|---|---|---|---|---|
| | Σ | $\bar{X}$ | *S. D.* | Σ | $\bar{X}$ | *S. D.* | | |
| 你们目前的居住地是否租赁? | 373 | 0.80 | 0.402 | 418 | 0.86 | 0.347 | -2.572** | 0.010 |
| 你是否经常询问子女的学习情况? | 370 | 0.79 | 0.409 | 447 | 0.92 | 0.269 | -5.917** | 0.000 |
| 你是否为子女报名课外学习班? | 108 | 0.23 | 0.421 | 102 | 0.21 | 0.408 | 0.760 | 0.447 |
| 孩子初中毕业后是否想继续留苏? | 413 | 0.88 | 0.325 | 418 | 0.86 | 0.347 | 0.943 | 0.346 |

注：“**”表示 *Sig.* ≤0.01.

依据T检验结果，4项调查内容中，关于“你们目前的居住地是否租赁?”“你是否经常询问子女的学习情况?”这两项，来自不同性质学校的流动人口随迁子女家长的得分存在显著差异。

### （三）研究结论

1. 不同性质学校的随迁子女学生的“家长资本”存在差异

（1）就读公办学校的流动人口随迁子女家庭经济条件要优于民工子弟学校学生。

依据上述统计结果，对于学生调查问卷中的“你是否利用课余时间外出打工?”和家长调查问卷中的“你们目前的居住地是否租赁?”两个问题，就读于两类不同性质学校的调查者的回答存在显著差异。从调查的绝对比例来看，民工子弟学校外出打工的学生人数要多于就读公办学校的流动人口随迁子女，而相应的民工子弟学校的学生其居住地更多的是租赁的。因此，就读民工子弟学校的学生其家庭经济条件要劣于就读公办学校的流动人口随迁子女学生。

流动人口随迁子女学生的家庭经济条件的差异，很大程度上与“家长资本”有关联。一般来说，进城务工的流动人口，如能在流入地较快地取得相对稳定和可观的生活经济来源，将有利于其适应流入地的社会环境，从而进一步获取流入地的社会资源，其中就包含其随迁子女能进入当地公办学校就读的资源。因此，就读不同性质学校的流动人口随迁子女家庭经济条件存在差异，是“家长资本”差异的最典型表现。

（2）就读民工子弟学校的学生家长更加关心其子女的学习。

两类学校的学生家长回答“你是否经常询问子女的学习情况？”的情况存在显著差异。来自民工子弟学校的家长们，相比公办学校的流动人口随迁子女家长，似乎更加关心自己孩子的学习情况。有92%的民工子弟学校家长每周都会询问自己孩子的学习情况，而公办学校的流动人口随迁子女家长的这一数据仅达76%。

就读于民工子弟学校学生的家长，由于拥有较弱的“社会资本”和“经济资本”，因此在对子女的教育问题上，更注重用“情感资本”来弥补，表现为对子女学习的关心频率较高。而从这一角度来看，拥有相对较优“社会资本”和“经济资本”的公办学校流动人口随迁子女家长，则可能忙于生计和维持目前各类资本的水平，容易忽视对自己子女“情感资本”的投入。

2. 不同性质学校的流动人口随迁子女的“师生关系”存在差异

（1）不同性质学校的教师对流动人口随迁子女学生的评价存在差异。

从教师问卷中对流动人口随迁子女学生的“自尊”“内外向”“对学生的同情”的评价结果来看，公办学校和民工子弟学校有显著差异。公办学校有部分教师认为流动人口随迁子女自尊较强，个性偏于内向，对他们有一定的同情感；而从民工子弟学校教师的回答结果来看，没有一位教师认为流动人口随迁子女自尊较强，也没有一位教师对学生有同情感，并且认为他们个性偏内向的老师人数也显著低于公办学校。

分析上述情况，一方面，态度的差异往往取决于“比较”，公办学校的教师同情流动人口随迁子女学生，是因为他们将流动人口随迁子女学生与本地学生做了比较。从学生们所拥有的客观资本条件上，发现前者在“家长资本”“社会资本”“经济资本”等方面，均要弱于本地学生，而这些资本对流动人口随迁子女学生来说是无法选择并且较难改变的，继而产生同情。当然，也正因为流动人口随迁子女学生所拥有的这些“弱项”资本，使得他们在与本地学生日常的学习生活交往中，需要有较强的“心理资本”去支撑。这首先表现在就读于公办学校的流动人口随迁子女学生自尊较强这一现象上，并且为了维护自尊，保持“心理资本”的高水平，他们会经常无意识地启动“心理防御机制”，进而给人性格偏于内向的印象。

另一方面，两类不同性质学校的教师对流动人口随迁子女的评价结果存在差异，主要体现在公办学校的教师对其的特殊情感较为显著；因此，也不难推断，公办学校的教师会对流动人口随迁子女学生产生其他的感情和态度，如以往学者讨论得较多的歧视、偏见及厌恶等。当然，这些负面情感和态度较为敏感，本项调查并没有添加此类问题。同时，教师对流动人口随迁子女的个性特征的评价带有一定的主观性，存在一定的误差。需要指出的是，公办学校的教师对流动人口随迁子女所做出的评价，基本是将其与本地学生做比较得出的；而民工子弟学校的教师评价，就相对缺乏“比较”，其对学生特殊的情感态度上的选择可能更趋向于“零反应”类型的否定答案。

（2）民工子弟学校的教师更受学生的喜爱。

从学生调查问卷中“对老师的喜爱”这个问题来看，来自不同性质学校的学生的回答存在显著差异。公办学校的流动人口随迁子女学生相对民工子弟学校学生来说，对老师的喜爱程度偏弱。结合上述教师对流动人口随迁子女学生的评价结果的讨论，可以归咎为公办学校部分教师对流动人口随迁子女存在特殊的情感和态度，特别是可能存在一些负面的情感，导致就读于公办学校的流动人口随迁子女学生对老师的喜爱程度要弱于民工子弟学校的学生。

由此可见，两类不同性质学校的学生和教师之间的相互态度存在差异，说明不同性质学校的流动人口随迁子女师生关系存在差异。而这种差异，一方面来自“家长资本”，另一方面则是环境的“比较”所致。

3. 民工子弟学校对学生的管理相对松散

在学生问卷中关于“每周都有不到校的情况”的调查，发现两类不同性质学校的流动人口随迁子女学生的回答也存在显著差异。民工子弟学校的学生每周不到校的情况要高于公办学校的流动人口随迁子女。而从两类学校流动人口随迁子女学生的奖惩情况来看，并没有显著差异。也就是说，民工子弟学校的学生并没有因为不到校而受到相对较多的处罚，进而也能推断民工子弟学校的管理要比公办学校松散。

4. 公办学校的流动人口随迁子女学生更能适应当地生活

就读于不同性质学校的两类流动人口随迁子女学生，在“对当地生活的适应性”问题上也做出了显著不同的回答。两者相比，更多的就读于公办学校的流动人口随迁子女学生表示能适应当地的生活。其实，能进入公办学校学习的流动人口随迁子女，本身就拥有相对较优的“家长资本”，而与本地学生同班同校学习，就意味着他们更有机会去拥有相对较多的

"社会资本"，因此相对能较快或较好地适应当地生活。

## 三、城市流动人口随迁子女义务阶段教育现状小结

本章研究的各项数据和资料来源于苏州市。分析苏州目前义务教育均衡性的发展水平，是位于全国前列的；而在对待进城务工的流动人口随迁子女义务教育的问题上，苏州也是在全国各地级市中做得相对较好的。总体来说，就读于苏州公办学校的流动人口随迁子女学生，因为拥有相对较优的"家长资本""社会资本""经济资本"等客观资源，能获得相对较优的"教育资本"，能较快较好地适应流入地的社会生活环境。而来自苏州地区民工子弟学校的学生和家长，因为拥有的各项客观资本条件较弱，只能靠提升学生自身的"心理资本"及增强家长对子女关心的"情感资本"等主观资源条件，来弥补其客观资本条件的缺陷。此外，由于两类学生拥有的客观资本的差异，导致流动人口随迁子女学生与教师之间的相互态度和情感也有所不同。上述分析研究认为，就读于不同性质学校的流动人口随迁子女学生的差异问题，其症结在于他们所拥有的"家长资本"不同，而"家长资本"的差异主要取决于流动人口随迁子女家长的"社会资本"和"经济资本"。因此，要使得随父母来苏务工的流动人口子女获得较好的"教育资本"，关键在于提升其父母的社会地位和经济收入。而从另一个角度来说，提升进城务工人员的社会地位和经济收入，有利于社会的和谐，也有利于实现教育的均衡。

# 第四章

# 城市流动人口随迁子女后义务阶段的去向

## 一、城市流动人口随迁子女后义务阶段的去向概述

2017 年，我国农村流入城市务工人员的人口总量约达 2.45 亿，占全国总人口的 18%，其中流动人口随迁子女约 3 000 万以上。自 20 世纪 90 年代中期以来，社会各界就开始不断关注和研究该群体在城市生活、学习的各类问题，至今已有 20 年。但到目前为止，由于“城乡二元”机制尚未被打破，流动人口随迁子女的各类问题并未真正得到解决。不仅如此，随着较早一批随迁子女年龄的增长并开始步入成年，该群体已被贴上了“城市农二代”的标签，他们是当前新生代劳动力的主要组成群体之一。“长在城市，却不真正属于城市”是当前城市流动人口随迁子女在流入地后义务阶段面临的最为尴尬的境遇，这部分群体在后义务阶段的去向问题上发生了迥异的分化。

在经济“新常态”时期，科技的高速发展和产业的升级配套不断完善，“机器换人”等新兴生产力的出现，使得我国城市特别是沿海发达地区的城市对劳动力的需求开始递减。与此同时，我国新型城镇化建设正如火如荼地展开，需要大量的具有在城市就业和生活经历的劳动力去支持建设。自 2013 年起，我国政府先后多次提及流动人口返乡就业创业问题，农村劳动力的回流趋势将更为明显，在新的返乡潮中也包含着随迁子女的回流。

虽然对流动人口随迁子女问题的研究已有多年，学术界也从各领域去探究问题的解决方案，但是 20 年来，该群体的城市生活、教育问题并没有得到真正解决，使得流动人口随迁子女在未能融入流入地社会生活的同

时其群体内部也发生了分化。关于“城市农二代”群体分化及去向的研究，许传新（2009）指出流动人口随迁子女所处的微观社会环境对其能否良好地融入流入地有显著的影响。杨舸、段成荣和王宗萍（2011）利用2005年北京市1%的人口抽样调查数据，指出进城农村流动儿童选择是否与父母随迁的首要影响因素是他们在流入地的物质保障，其次是他们自身的特征。曹广忠、刘锐（2013）通过回归分析，指出随迁子女是否选择留驻流入地，关键影响因素是家庭和自身的性别。孙文中（2015）通过对武汉市流动人口随迁子女融入问题的调查，发现就读于公办学校的随迁子女整体情况要优于就读于民工子弟学校的。庄西真、李政（2015）通过对苏南地区的流动人口随迁子女的调查，发现影响他们融入城市并接受城市教育的最显著因素是父母的文化水平、职业现状及收入等。我国中西部地区的现代化建设及城镇化进程加快，农民工返乡行为转为“主动”。孙小龙等（2015）对上海、南京、苏州等地农民工展开调查，比较了新老两代农民工返乡定居意愿的差异，发现“城市农二代”返乡定居的意愿更为强烈，但将意愿转化为行为的个体并不多。

以往学者对流动人口随迁子女群体内部差异的研究基本从社会融入情况展开，其认定的影响因素有家庭（经济）因素、随迁子女自身特征因素以及其所处的社会人际关系因素等；但研究中往往对这些因素进行独立探究，未展开综合探讨。基于此，本研究采用数据挖掘技术，综合上述研究的影响因素，从社会、家长及个体等信息出发，探究农民工随迁子女群体分化的特征和原因，并对该群体后义务阶段的管理与教育进行思考。

## 二、城市流动人口随迁子女后义务阶段的调查研究

### （一）调查对象

本研究选取了外来流动务工人员较为集中的城市苏州的数据为例，采用重点调查和分层随机取样的手段，抽取了该市（包括姑苏区、园区、新区、相城区和吴中区）范围内的民工子弟学校及在上述范围内就读公办学校的、处于初中三年级（九年级）的流动人口随迁子女学生及他们的家长和教师。依据最初确定的研究视角，设计了学生问卷、教师问卷和家长问卷。其中，学生问卷主要涉及他们的个体心理特征信息，如城市适应性、对自身的期望、人际关系等，还包含了部分社会特征信息，如打工经历等；教师问卷则涉及教师的文化程度、对学生的态度取向、个性特性评价等问题；家长问卷包含家庭年收入情况，家长的职业、文化水平、户籍来

源地及对子女的关心程度等问题。其中，学生问卷和家长问卷为“1∶1”配对发放，各发放了 1 250 份，学生问卷回收有效问卷为 1 139 份，有效率为 91.1%；家长问卷回收有效问卷 955 份，有效率为 76.4%；此外，对教授所调查学生群体的教师，发放教师问卷 100 份，回收有效问卷 92 份，有效率为 92%。最后，将三方数据汇总配对，得到有效在苏流动人口随迁子女的问卷调查样本共计 916 份。

### （二）方法与工具

研究采用数据挖掘技术中的关联学习规则，其核心是 Apriori 算法。关联学习是从貌似关联度较低的数据集中寻找存在特别关系的关联方法，而 Apriori 算法是一种很有影响的挖掘布尔关联规则频繁项集的算法。本研究的关联学习算法将采用 Weka 3.6 软件辅助完成。

### （三）研究过程

本研究的时间跨度为 2016 年 5—10 月，分为两个阶段：第一阶段，对流动人口随迁子女、家长及教师等群体采用问卷调查的方法，从“社会特征”“家长特征”“个体特征”等方面收集相关信息。第二阶段，对收集到有较为完整信息的 916 位流动人口随迁子女实施追踪，采集他们完成义务阶段教育后的去向信息。最后，将 916 位流动人口随迁子女的调查信息录入 Excel 2010 后导入 Weka 3.6，集成原始数据库。

1. 信息数据的预处理

（1）第一阶段信息采集的预处理。

在收集到的所有流动人口随迁子女信息数据项目中，首先通过特征归约，删除“姓名”这一项无关维度。其次，依据“社会特征”“家长特征”“个体特征”将所收集的信息数据具体列为 14 项维度。同时，为了便于数据模型的计算，将流动人口随迁子女的信息特征变量实施属性值转换，依据数据分布状况，对连续变量特征的数据实施离散化处理，其中将家庭年收入分为三段特征：“6 万元以上”“4 万～6 万元”“4 万元以下”。各信息特征的具体分布情况如表 4.1 所示。

**表 4.1　随迁子女后义务阶段调查对象的总体状况（$N=916$）**

| 特征类别 | 信息特征变量 | 分类（人数，百分比） | | |
|---|---|---|---|---|
| 社会 | 就读学校性质 | 公办<br>（322，35.2%） | 民工子弟<br>（594，64.8%） | |
| | 打工经历 | 丰富<br>（159，17.4%） | 较少<br>（523，57.1%） | 无<br>（234，25.5%） |
| | 教师评价水平 | 高<br>（107，11.7%） | 中<br>（724，79.0%） | 差<br>（85，9.3%） |
| | 社会交往 | 好<br>（395，43.1%） | 一般<br>（373，40.7%） | 差<br>（148，16.2%） |
| 家长 | 职业 | 自雇型<br>（362，39.5%） | 受雇型<br>（467，51.0%） | 其他<br>（87，9.5%） |
| | 文化水平 | 高中以上<br>（269，29.4%） | 初中<br>（425，46.4%） | 小学及其他<br>（222，24.2%） |
| | 家庭年收入水平 | 6 万以上<br>（218，23.8%） | 4 万~6 万<br>（492，53.7%） | 4 万以下<br>（206，22.5%） |
| | 户籍来源地 | 沿海<br>（188，20.5%） | 中部<br>（403，44.0%） | 西部<br>（325，35.5%） |
| 个体 | 适应性 | 好<br>（281，30.7%） | 中<br>（336，36.7%） | 差<br>（299，32.6%） |
| | 自身期望 | 高<br>（327，35.7%） | 中<br>（371，40.5%） | 低<br>（218，23.8%） |
| | 内外向个性 | 偏外向<br>（465，50.8%） | 偏内向<br>（451，49.2%） | |
| | 学习成绩 | 好<br>（211，23.0%） | 中<br>（329，35.9%） | 差<br>（376，41.0%） |
| | 性别 | 男<br>（512，55.9%） | 女<br>（404，44.1%） | |
| | 是否为独生子女 | 是<br>（78，8.5%） | 否<br>（838，91.5%） | |

（2）第二阶段信息采集的预处理。

由于在第二阶段信息采集中，主要采集的内容为流动人口随迁子女在完成义务阶段教育后的去向信息，因此仅设定为一项特征变量。

2. 信息数据的挖掘

依据 Apriori 算法的基本思想，本研究中设流动人口随迁子女在完成义务阶段教育后的去向为频集，各类资本的具体信息特征变量为项集，所有频集和项集之间存在预定义的最小支持度。依据所有频集与项集产生的强关联规则，计算出这些规则的最小支持度和最小可信度，当可信度大于0.05时，该关联规则成立。在获取的916位流动人口随迁子女的信息中，依据上述算法和思路，得出其初中毕业后频集与项集的关联规则的支持度及可信度，并将可信度大于0.05的关联规则项集整理如表4.2所示。

**表4.2 流动人口随迁子女后义务阶段去向的关联规则**

<table>
<tr><th colspan="2">频集</th><th colspan="3">规则</th><th rowspan="2">最小支持度</th><th rowspan="2">最小可信度</th></tr>
<tr><th>一级频集</th><th>二级频集</th><th>项集内容1</th><th>项集内容2</th><th>项集内容3</th></tr>
<tr><td rowspan="3">去向不明</td><td rowspan="3"></td><td>民工子弟学校</td><td>教师评价中等</td><td>无打工经历</td><td>0.80</td><td>0.173</td></tr>
<tr><td>民工子弟学校</td><td>偏内向</td><td></td><td>0.75</td><td>0.165</td></tr>
<tr><td>教师评价差</td><td>社会交往差</td><td></td><td>0.556</td><td>0.055</td></tr>
<tr><td rowspan="6">留驻流入地</td><td rowspan="3">就创业</td><td>自雇型</td><td>适应性好</td><td>个性外向</td><td>0.875</td><td>0.134</td></tr>
<tr><td>自雇型</td><td>打工经历丰富</td><td>个性外向</td><td>0.714</td><td>0.166</td></tr>
<tr><td>打工经历丰富</td><td>自身期望中等</td><td></td><td>0.571</td><td>0.063</td></tr>
<tr><td rowspan="3">异地升学</td><td>公办学校</td><td>独生子女</td><td></td><td>1.000</td><td>0.517</td></tr>
<tr><td>公办学校</td><td>学习成绩好</td><td></td><td>0.667</td><td>0.096</td></tr>
<tr><td>年收入6万元以上</td><td>家长高中文化</td><td>受雇型</td><td>0.581</td><td>0.062</td></tr>
<tr><td rowspan="5">返乡</td><td rowspan="3">升学</td><td>年收入4万～6万元</td><td>学习成绩好</td><td>教师评价高</td><td>0.818</td><td>0.111</td></tr>
<tr><td>年收入4万～6万元</td><td>民办</td><td>自身期望高</td><td>0.692</td><td>0.104</td></tr>
<tr><td>受雇型</td><td>年收入4万元以下</td><td></td><td>0.512</td><td>0.562</td></tr>
<tr><td>就创业</td><td>自身期望中等</td><td>自雇型</td><td>男</td><td>0.583</td><td>0.748</td></tr>
<tr><td>务农</td><td>父母文化小学</td><td>民办</td><td>父母职业其他</td><td>0.537</td><td>0.621</td></tr>
</table>

### （四）研究结论

1. 分化群体一：完成义务阶段教育后去向不明的，其社会特征水平偏低

在对流动人口随迁子女在流入地完成义务阶段教育后去向的信息采集中，有148位人员去向不明。但依据信息挖掘的结果，发现该群体在其特征信息上存在三条关联规则：① 就读于民工子弟学校的随迁子女，教师对其评价处于中等水平，自身无打工经历；② 就读于民办学校个性偏于内向的随迁子女；③ 教师对其评价较低，且自身社会交往存在问题的流动人口随迁子女。这三条关联规则的项集内容，除"个性偏内向"外，其余均来自该群体的社会特征类别，并且这些特征偏于较低水平。

社会特征的弱势，从一定角度说明去向不明的流动人口随迁子女群体在流入地的社会融合度极低，甚至可以推测，由于他们无法融入流入地的社会，因而进入了"社会回避"的状态。有研究表明，在城市长大的流动人口随迁子女，如果无法良好地融入当地社会，即使回到户籍地也是无法适应生活的。而这部分"留不下，回不去"的城市农民工子女群体，势必会继续保持一种不稳定的状态，分散于流入地城市的各个角落，成为社会的不和谐因素。

2. 分化群体二：留驻流入地的流动人口随迁子女，其三类特征水平位于中上游

调查显示，流动人口随迁子女在完成义务阶段教育后，能继续留驻流入地的人员占比约为52.2%，超过调查样本总量的一半。但是，这部分群体还细分为两大去向：在流入地就创业和在流入地升学，并且两大去向的群体在特征信息项集内容上呈现出较大差异的关联规则。

（1）就创业群体。

在所调查的群体中，有29.6%的流动人口随迁子女在完成义务阶段教育后选择了在流入地就创业。当然，其中大部分群体均为就业状态，少部分暂时无业，还有少数自行创业。但这部分群体的项集内容集中于三条关联规则：① 父母职业为自雇型，自身适应能力良好，个性外向的随迁子女；② 父母职业为自雇型，拥有丰富的打工经历，个性外向的随迁子女；③ 打工经历丰富的男性随迁子女。由此可见，流动人口随迁子女父母职业为自雇型以及自身拥有丰富的打工经历这两个因素是他们在完成义务阶段教育后选择就创业的最大影响因素。目前，自雇型流动人口的职业一般集中在小商小贩等个体经营业，为了生计，他们的子女往往会在义务学习阶段就开始帮助父母去经营自家的生意，因而拥有较为丰富的打工经历。

同时，在帮工或打工的过程中，这部分流动人口随迁子女也产生了较为强烈的“挣钱”意识，因而提高了他们在完成义务阶段教育后选择就创业的可能性。此外，良好的个性和适当的自身期望水平也使得这部分群体能较早地开始职业生涯。

（2）异地升学群体。

在流入地异地升学的流动人口随迁子女约占总调查样本的22.9%，有三条关联规则适用：① 就读于公办学校的随迁子女为独生子女；② 就读于公办学校、学习成绩优异的流动人口随迁子女；③ 家庭年收入6万元以上，家长文化水平为高中及以上的，且其家长职业类型为受雇型的流动人口随迁子女。可见，之前是否能就读于公办学校与流动人口随迁子女的异地升学存在较大的关联。因此，较优的家长资本也是流动人口随迁子女异地升学的保障。与在流入地就创业的群体不同，异地升学的流动人口随迁子女，其家长的职业为受雇型关联。目前，流动人口受雇型职业一般以工厂流水线操作、建筑工地、设备维修维护等行业为主，近年来随着劳动力成本的上升，流动劳动力从事这些行业的收入要比多年前有所提高，这使得流动人口随迁子女的家长资本不断升值。另外，流动人口随迁子女当初能就读于流入地公办学校，需要较为优质的家庭资源作为支撑。因此，在异地升学的流动人口随迁子女群体，归根到底首先是其家长特征项处于较高水平。

综上所述，对留驻流入地的流动人口随迁子女而言，就创业群体可能偏向需要较优的个人特征和社会特征，异地升学群体则偏向需要较优的家长特征。但总体而言，他们在完成义务阶段教育后能留驻流入地的，上述三类特征水平一般都应处于中上游。

3. 分化群体三：城市返乡流动人口随迁子女，其家长特征水平偏低

流动人口随迁子女在完成义务阶段教育后，还存在一定数量的“城市农二代”将返回户籍地，在本次调查的样本中，该类群体约占总量的31.1%。当然，这部分“城市农二代”回到户籍地后也有各自不同的去向，大体分为三类：返乡升学、务农及返乡就创业。其中，升学人口占这部分群体的2/3，务农约占1/4，剩余的少数则为就创业。

（1）返乡升学群体。

在返乡升学群体的特征信息挖掘中，存在三条关联规则：① 家庭年收入4万～6万元、学习成绩好、教师评价高的流动人口随迁子女；② 家庭年收入4万～6万元、就读于民办学校且对自身期望较高的流动人口随迁子女；③ 父母职业为受雇型但家庭年收入在4万元以下的流动人口随迁子女。由此可见，家庭年收入不高，是随迁子女只能选择返乡升学的一

个相对比较突显的原因，但这仅仅体现在学习成绩较优、教师评价较高或者对自身有较高期望的群体身上。因为学习成绩较优秀或自身期望比较高的群体不愿意轻易放弃学业，但又受到家庭经济及社会环境的限制，不得不返回户籍地继续学业。

（2）返乡务农群体。

返乡务农的流动人口随迁子女数量虽然不多，但其信息特征也呈现了一条关联规则，即他们的父母为小学文化且在城市没有相对稳定的工作，就读于民办子弟学校的群体。这部分群体之所以会选择返乡务农，很可能与他们父母在城市务工的状态相关，其父母在城市生活过程中，并没有一个稳定的职业保障和经济来源，因而这部分流动人口随迁子女对其父母的城市生活和职业状态并不认同，且由于父母本身文化水平偏低，对他们继续学业起到一个副作用，使得他们最终会选择返乡务农。

（3）返乡就创业群体。

从目前调查的样本来看，返乡就创业的流动人口随迁子女数量并不多。自 2015 年开始，“促进农民返回户籍地就创业”是国家所提倡和鼓励的。从该类群体信息特征的关联规则来看，对自身期望属于中等的男性，其父母职业为自雇型。这类群体之所以会选择返乡就创业，首先在于对自身的期望和定位，他们对自己学业上的发展并没有太高要求，但也不甘于务农；其次，在跟随父母在城市务工生活中，学习了一定的城市小商小贩的经营之道，对未来职业和社会生存发展有一定的规划。因此，当他们初中毕业后暂时不具备留驻流入地的条件时，他们会选择返回户籍地就创业。当然，这部分群体大部分为男性。

综上所述，对返回户籍地的流动人口随迁子女群体而言，返乡升学的群体一般其个体特征水平较优，但其家长和社会特征水平处于弱势，特别是经济因素；返乡务农的群体其家长和社会特征水平较低，个体特征水平中等；而返乡就创业群体拥有中上水平的个体特征，但家长和社会特征水平一般。总体而言，返回户籍地的流动人口随迁子女群体，之所以选择返回家乡，最关键的因素还在于其家长特征，致使其不具备留驻流入地的基本条件。

## 三、城市流动人口随迁子女后义务阶段去向问题的思考

流动人口随迁子女因为社会、家长及个体特征水平的差异，导致他们在后义务阶段的去向不同，群体出现分化。但是无论是留驻城市或者返回

家乡，并不能从去向上判断他们出路的好坏。从当前国家经济发展的战略需求来看，既需要在发达地区务工、为城市建设做贡献的新生代劳动力群体，也需要能把我国发达地区的发展经验带回落后地区的新兴力量。从上述研究结论来看，流动人口随迁子女的群体分化主要是因为他们在各自的社会、家长及个体特征上存在差异。

任何一个社会群体，只要其资源不均衡，势必就会导致该群体内部产生分化。对于流动人口随迁子女这个伴随着我国改革开放、城市经济发展而生的群体，在经历了20多年的发展后，该群体内部也发生了层次较为明显的分化。经过上述讨论，流动人口随迁子女的分化，其原因来源于他们所拥有的各类特征的差异。虽然特征差异现象不可避免，但可以通过各种手段、政策及途径，优化、改善他们在后义务阶段的各类特征水平，进而使该群体在其未来的人生、职业道路上积极发展。

# 第五章

# 城市流动人口随迁子女后义务阶段的教育现状

城市流动人口自产生以来，至今已有20多年的时间，最早一批流动人口随迁子女已过了义务阶段的年龄。那么这群随迁子女后义务阶段的发展如何？他们后义务阶段接受教育的情况如何？他们接受教育的质量如何？

随迁子女作为新生代农民工的主要群体之一，是城市流动劳动力的“新生后备军”，他们受教育的水平直接关系到我国经济“新常态”时期现代化建设进程中所需劳动力的质量。

目前学界关于城市流动人口随迁子女后义务阶段教育的问题研究并不多，也没有系统地提出，但基本集中在两个问题上：一是后义务阶段教育资源问题；二是后义务阶段的升入学问题（异地中高考）。

## 一、后义务阶段的时期界定

目前学界对后义务阶段还没有一个系统的时期界定，仅仅认为是完成义务阶段教育后的时期，也就是通常所说的初中毕业后。从字面上对后义务阶段进行理解，可以说它是一个非常广的时间范围，几乎包含了义务阶段后所有的时间范畴，包括成人、继续教育时期，甚至是老年时期。但是，后义务阶段的概念是义务阶段的延伸，是与教育活动挂钩的，因此对该概念的理解，应该将其焦点时期集中在初中毕业后的3～5年内的时间段。基于上述讨论，本书中对随迁子女后义务阶段的教育研究，其“后义务阶段”更多地指随迁子女在流入地完成义务阶段教育后的3～5的时间，对应就读高中（高职）、大学的年龄阶段。

## 二、后义务阶段的教育类型

### （一）高中教育

高中的全称是高级中学。在我国，中学分为初级中学和高级中学，初中是义务教育阶段，而高中是结束九年义务教育后的更高等的教育机构，它衔接初中和大学，一般学制为三年。

当然，高中教育也有较多门类，包括普通高中、成人高中、职业高中、中等专业学校、中等技工学校等。据《中国统计年鉴 2017》数据显示，我国当前高中教育机构共有 24 711 所，其中普通高中 13 383 所，中职为 10 893 所。

### （二）大学教育

大学是对我国高等教育机构的通俗称法，是针对中学的叫法。教育官方部门一般把这一阶段的教育称为高等教育。高等教育起源于中世纪欧洲，主要是由英国、德国、法国等发展起来的，其职能有培养专门的人才、科学研究及服务社会。我国高等教育源于民国时期，发展于新中国成立后，特别是在改革开放的 30 多年时间里，我国高等教育事业得以长足发展。目前，我国高等教育的种类繁多，常见的有普通本科院校、高职（专科）学校、研究生培养机构、成人高等学校、民办高校及独立学院等。截至 2016 年，我国各类高等教育机构共计 3 955 所。

### （三）非学历教育

非学历教育，通常指社会上的各种教育培训机构，或者依托学历教育机构开办的各种研究、进修的课程班，如兴趣班、驾校班、职业资格培训班等。它是学历教育活动的一种补充，参加培训的人员经办学单位考核，成绩合格者可以获得结业证书，以证明其在某个专业领域的学习情况。但这一类结业证书有别于学历教育的文凭。一般来说，短期的教育培训是非学历教育的主要形式。

## 三、城市流动人口随迁子女后义务阶段获得高中教育的现状

### （一）随迁子女的异地中考升学制度

流动人口随迁子女的异地中考升学问题的社会关注度没有高考来得那

么突出，究其原因，一方面是流入地的中职、中专院校的生源危机，使其往往会有空余的学位向满足一定条件的流动人口开放；另一方面，流入地普通高中的借读生制度，也一定程度缓解了流动人口异地升学的矛盾。因此，随迁子女异地中考问题的矛盾没有异地高考显得那么突出，也较难受到全社会的广泛关注。

自2012年国务院办公厅转发教育部等部门发布的《关于做好进城务工人员随迁子女接受义务教育后在当地参加升学考试工作意见的通知》（以下简称《工作意见》）后，解决随迁子女异地升学问题已成为国家重要的战略意识。但是，《工作意见》出台多年后，随迁子女后义务阶段的升学问题并没有得到很好的解决。究其原因，主要有两个方面：第一，各流入地的地方保护主义倾向明显。当前各地出台了进城务工人员随迁子女异地升学方案，并基本按照《工作意见》中提出的“根据城市功能定位、产业结构布局和城市资源承载能力，以及进城务工人员在当地的合法稳定职业、合法稳定住所（含租赁）和按照国家规定参加社会保险年限”设置了明确的准入条件，绝大多数地区都对进城务工人员提出了合法稳定职业、住所及参加社会保险年限的要求，其直接目的是防止“升学移民”，根本目的是防止大量流动人口随迁子女涌入城市挤占城市的教育资源。第二，随迁子女对职业教育存在隐性排斥。流入地优先放开职业教育，主要考虑到中等职业教育阶段当地户籍学生生源数量不断减少，流动人口随迁子女恰好能解决这一生源危机，这也是中等职业学校走出困境、寻求发展的新契机。然而，与普通高中相比，目前中等职业学校教育质量不高、社会认可度较低、升学数量较少等问题凸显，导致其对受教育者的吸引力严重不足。因此，优先放开职业教育的政策选择实质上仍是一种有条件的排斥性筛选。从可行能力视角来看，流动人口随迁子女也是具有自主选择理性的个体，单一升学途径的供给是对随迁子女群体选择自由的剥夺，流动人口随迁子女多是由于自身选择能力不足，或想继续留在城市而无奈选择中等职业学校，这显然有违人的可行能力平等的正义观（李慧等，2013）。而从个体微观原因上来看，也有较多因素。如汪传燕（2017）等，通过多层线性研究发现，影响随迁子女在流入地就读普通高中意愿的个体层面的因素主要是学生的学业成绩，家庭社会经济地位具有边际显著的影响，学校层面的因素主要是学校性质。

### （二）随迁子女高中阶段的教育情况

本课题组对随迁子女初中毕业后的去向在上一章节中做了调查，具体情况如图5.1所示：

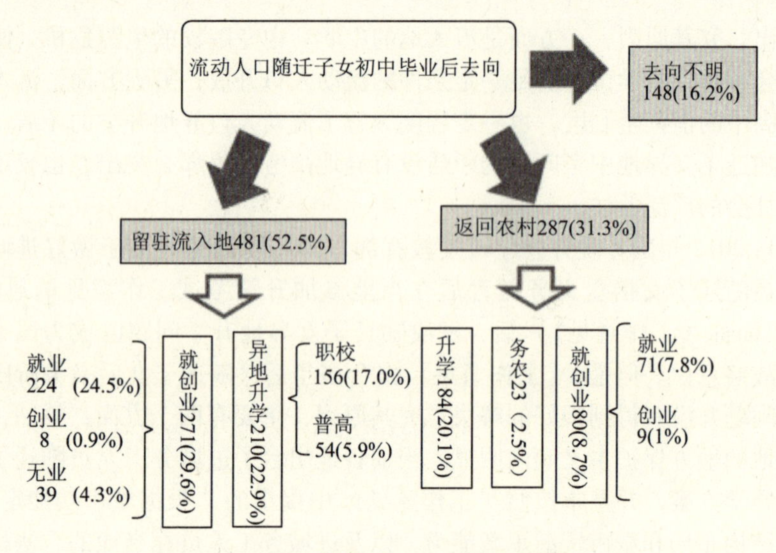


图 5.1 流动人口随迁子女初中毕业后的去向

从图 5.1 中可以看出，流动人口随迁子女在初中毕业后，无论是异地升学还是返乡升学，能获得高中阶段教育的在 43% 左右，将近一半。当然，返乡升学的随迁子女群体从严格意义上来说已经不再属于流动人口范围。需要重点关注的是在流入地异地升学的随迁子女，从图 5.1 中可见，在异地升学的所有随迁子女中，约 1/4 的人可以获得当地普通高中的教育，而剩下的 3/4 只能进入流入地的职业高中或中等技校，这与本地学生在初中毕业后有 50% 的整体普高升学率相比是不均衡的。

对此，课题组对上一章调查的随迁子女进一步追踪，以此评估他们后义务阶段的升学诉求。通过调查发现，在所能追踪到的流动人口随迁子女中，92.3% 的人表示希望能继续留驻流入地城市，并有 80.2% 的随迁子女表达了在后义务阶段留驻流入地城市继续升学的强烈诉求；同时，在普通高中和中等职业学校之间，71.3% 的随迁子女更期望自己能够就读普通高中。但是，由于种种条件制约，在实际升学过程中他们的愿望难以实现，很多流动人口随迁子女不得不无奈选择返乡求学或就读职业高中。由此可见，随迁子女获得后义务阶段的教育几乎是没有保障的，也是不尽如他们的意愿的。

## 四、城市流动人口随迁子女后义务阶段获得高等教育的现状

### （一）随迁子女的异地高考机制

随迁子女能否获得大学阶段的高等教育，除了取决于他们高中阶段的

教育外，还很大程度上与异地高考制度是否完善、人性化相关。但是，目前我国各流动人口集中地几乎没有一个城市建立起满足随迁子女期望的异地高考制度。即使在北、上、广、深等经济和教育较为发达的一线城市，流动人口随迁子女要获得异地高考的资格，条件也是非常苛刻的。

学界对流动人口随迁子女异地高考的问题也有一定的研究和探讨。一般认为，从宏观角度来看，流动人口随迁子女异地高考的障碍主要有“城乡二元”机制的不公、分省高考招生制度的不合理、流入地政府的地方保护主义及公共教育资源不均等（葛新斌，2013）。而从微观操作层面来看，流动人口随迁子女异地高考的障碍在于政策无效性，如政策对象的模糊、政策权责的不清晰、政策目标的不明确及没有一个完善的政策执行考评机制等（刁勇生，2014）。此外，也有学者通过对我国 30 个省辖市的异地高考方案展开内容分析，发现部分地区的异地高考方案背离中央政策，在报考院校类型上区别对待，准入条件中考虑不相关因素，包含不可控的指标：在制定过程中公众参与度较低，缺少参与的渠道与程序等（刘世清，2013）。当然，流动人口随迁子女对其所在流入地的异地高考政策也做出了反应。冯帮（2013）通过对北京 200 名流动人口的调查发现，该类群体对子女的异地高考政策的反响有四个特征：一是农民工对异地高考政策的了解程度很低；二是大多数农民工对异地高考“准入条件”存在较大异议；三是绝大多数农民工都表示会尽最大努力使孩子留京高考；四是农民工大多认为异地高考政策不能很好地解决高考公平问题。夏雪（2014）等通过团体博弈分析，发现无论是流入地本地居民还是随迁子女家长，都在此过程中通过不同的手段为各自的团体争取利益，但也因此产生各类社会矛盾。

随迁子女异地高考问题是一个涉及政策、伦理、教育以及公共管理的综合性问题。回顾前人对随迁子女异地高考问题的研究，可以说当前异地高考机制尚未成熟，本质问题未获得解决，相关的社会矛盾依然存在。因此，对于异地高考的研究，就研究立场而言，应从学科立场转向实践立场；就研究区域而言，应从重视一线城市转向一、二线城市并重；就研究逻辑而言，应从流动人口的治理逻辑转向城市移民的权利逻辑。但不管怎么样，异地高考制度是随迁子女获得高等教育的重要途径之一，如果没有该途径，该群体只能返乡或者就业，而由此获得升入高等教育机构的资源和机会相对狭窄。

### （二）随迁子女获得高等教育的分布调查

为了把握流动人口随迁子女获得高等教育的情况，本课题特地采用调查研究的手段，对各类高等教育机构的学生展开调查，并从中选取拥有随迁子女背景的样本展开特征分析，具体过程如下：

1. 研究样本

课题组选取流动人口和高等教育机构相对集中的江苏、上海地区，随机调查了这两个地区的15所高等教育机构，其中普通本科院校8所、职业技术学院（专科）7所，调查的学生涵盖了全日制在读学生和函授、继续教育、成人教育等归口的在学学生，共计3 000人。

2. 研究方法

课题组主要采用问卷调查的手段，对上述高等教育机构的样本对象展开调查，问卷调查的内容主要涉及以下几个方面：性别、年龄、户口原籍、父母职业、义务阶段教育地、高中阶段教育地、当前学生类别、专业、工作（打工）经历等。

3. 研究结果

(1) 进入高等教育机构的流动人口随迁子女概况。

通过上述问卷调查，从3 000个样本中剔除无效样本287个，并依据户口原籍、父母职业及义务阶段和高中阶段的教育地等信息，判别并挑选出具备流动人口随迁子女背景的样本共计233个，占有效总样本的8.59%。从这个比例来看，随迁子女通过各种途径获得高等教育的比例是较低的。

对这233个有效随迁子女样本进一步分析，可以发现他们的性别、年龄、户籍地等信息如表5.1所示：

**表5.1　进入高等教育机构的随迁子女概况**

| 信息 | 类别（占比） | | | |
|---|---|---|---|---|
| 性别 | 男性（46.2%） | | 女性（53.8%） | |
| 年龄 | 18 ～ 20周岁（19.1%） | 21 ～ 25周岁（62.6%） | 25周岁以上（18.3%） | — |
| 户口原籍（前四类） | 华东（25.4%） | 华北（17.8%） | 东北（15.6%） | 华中（14.7%） |
| 高中阶段就读地 | 流入地（36.8%） | 返回家乡（48.1%） | 没有读高中（15.1%） | — |
| 学生类型 | 全日制本科（9.3%） | 全日制大专（22.7%） | 成教自考（55.9%） | 其他（12.1%） |
| 专业分布（前四类） | 经济管理（34.3%） | 工程技术（37.1%） | 文化语言（5.6%） | 医药护理（4.3%） |
| 工作（打工）经历 | 有工作过（22.8%） | 有兼职（67.3%） | 无工作打工经历（9.9%） | |

从上述调查问卷的统计结果来看，随迁子女进入高等教育机构的女性

要多于男性，年龄集中在25周岁以下，特别是21～25周岁之间；而户口原籍主要为华东、华北、东北和华中地区的二、三线城镇和乡村。由此可见，获得高等教育的随迁子女原户籍地是次发达地区，还不是我国最为贫困的区域；而他们获得高等教育的类型以成人教育及自考等形式为主，其次是职业技术学院等专科院校，而进入全日制本科阶段学习的仅为9.3%，所学专业以经济管理类和工程技术类为主，极少有人学习理论性和学科性很强的基础专业。此外，在随迁子女中，有过正式工作经历的占22.8%，有兼职打工的占67.3%，这个比例要高于当前我国大学生群体，也就是说，后义务阶段，在读随迁子女的生计问题需要靠自己解决。

（2）流动人口随迁子女后义务阶段的获得与期望。

针对233位流动人口随迁子女访谈资料的处理结果，对他们在后义务阶段的“获得”和“期望”两部分内容实施描述性统计分析，并采用配对样本T检验，比较“获得”与“期望”之间的差异情况，具体结果如表5.2所示：

**表5.2　流动人口随迁子女后义务阶段的“获得”与“期望”比较**

| 类别 | 获得 | | | 期望 | | | T检验值（t） |
|---|---|---|---|---|---|---|---|
| | 样本总反应 | 平均数 | 标准差 | 样本总反应 | 平均数 | 标准差 | |
| 住房 | 12 | 0.191 | 0.396 | 49 | 0.778 | 0.419 | 9.393*** |
| 收入 | 49 | 0.778 | 0.419 | 53 | 0.848 | 0.307 | 2.312* |
| 职业 | 43 | 0.683 | 0.469 | 57 | 0.905 | 0.296 | 4.209** |
| 教育 | 21 | 0.333 | 0.475 | 37 | 0.587 | 0.496 | 4.594** |
| 医疗 | 19 | 0.302 | 0.463 | 24 | 0.381 | 0.489 | 2.312* |
| 生态 | 15 | 0.238 | 0.429 | 23 | 0.365 | 0.485 | 3.003* |
| 其他物质 | 34 | 0.54 | 0.502 | 33 | 0.524 | 0.503 | -1.000 |
| 友情 | 35 | 0.556 | 0.501 | 45 | 0.714 | 0.455 | 3.420** |
| 亲情 | 37 | 0.587 | 0.496 | 43 | 0.683 | 0.469 | 4.015** |
| 爱情 | 18 | 0.286 | 0.455 | 21 | 0.333 | 0.475 | 1.761 |
| 自我认同 | 8 | 0.127 | 0.336 | 50 | 0.794 | 0.408 | 8.803*** |
| 他人认同 | 12 | 0.191 | 0.396 | 51 | 0.809 | 0.396 | 10.037*** |
| 机遇 | 20 | 0.318 | 0.469 | 40 | 0.635 | 0.485 | 5.370** |
| 其他精神追求 | 27 | 0.429 | 0.499 | 29 | 0.46 | 0.502 | 1.426 |
| 合计 | 350 | 5.559 | 5.057 | 555 | 8.816 | 5.114 | 10.886*** |

注：“*”表示 $P<0.05$；“**”表示 $P<0.01$；“***”表示 $P<0.001$.

由表5.2可见，流动人口随迁子女在流入地从物质上获得最多的三项是：经济收入、职业发展及其他物质条件（在访谈中的具体内容集中在城市公共的物质条件，如城市的建筑、先进的设施、繁华的商业环境等）；从精神上获得最多的三项是：亲情、友情及其他精神追求（在访谈中的具体内容体现在都市的文化、艺术气息、个人的眼界等）。而随迁子女在后义务阶段的期望，在物质上则集中在住房、收入和工作；在精神上集中在他人认同、自我认同及友情。

## 五、城市流动人口随迁子女后义务阶段获得非学历教育的现状

流动人口随迁子女在流入地也好返乡也好，虽然能获得升学的机会，但是还有很多人因为种种原因，不得不在其完成义务教育后较早地踏入社会开始其就业打工的生涯。那么这一部分群体在他们开始职业生涯之后，是否有机会获得一定的教育培训资源？其实，关于新生代劳动力职业教育培训的研究近年来相对比较热门。产业的不断转型升级对劳动力的要求也在不断提升。流动人口随迁子女虽然与新生代农民工、新生代劳动力的概念范畴并不相同，但是随迁子女在后义务阶段如果未能继续升学而是转为工作，那么他们在流入地城市即成为新生代劳动力。2010年全国总工会新生代农民工问题课题组将新生代农民工定义为：出生于20世纪80年代以后，年龄在16周岁以上，在异地以非农就业为主的农业户籍人口。由此可见，随迁子女后义务阶段的职业培训属于新生代农民工的非学历教育的概念范畴。

国家对包括随迁子女在内的新生代农民工等劳动力群体的职业培训较为重视。2003年出台的《2003—2010年全国农民工培训规划》（简称《规划》）中将农民工培训工作列入各级政府年度工作考核的内容，实行目标管理。至此，学术界有关农民工职业培训的研究成果就犹如雨后春笋般大量涌现出来。而自2010年1月31日中央一号文件提出要“采取有针对性的措施，着力解决新生代农民工问题”后，针对新生代农民工的研究也逐渐增多。

目前针对新生代农民工职业培训的研究主要集中在四个方面：第一，有关新生代农民工职业培训需求和影响因素的研究；第二，有关新生代农民工职业培训的模式和形式的研究；第三，有关新生代农民工职业培训作用和效果的研究；第四，有关新生代农民工职业培训问题和对策的研究。

尽管新生代农民工的职业培训有许多良好的效果，但也并非十全十

美，目前依然存在一些问题和可以改善的地方。比如，职业培训中政府主导性地位不清晰、职业培训机构的质量参差不齐、培训内容和时间的设置不合理、职业培训的费用较高且缺乏资金支持、培训效果的考核力度不够。虽然有很多学者都提到了应该创新培训的模式和形式，加强内容的针对性，但是如何改、朝什么方向改，学者们还没有达成共识。只有少数学者提出了网络学习等形式，但是描述过于肤浅，缺少实用性较强且系统化的建议。形式和内容的更新将是一个任重而道远的过程，将耗费大量的人力和物力。此外，只有与企业的需求衔接才能更好地开展新生代农民工职业培训，让经过培训的新生代农民工有发挥的地方，也才能真正提升培训的效果。新生代农民工职业培训仅仅依靠政府的力量是不够的，企业在培训中的作用非常重要。

# 第六章

# 城市流动人口随迁子女的教育获得感研究

## 一、城市流动人口随迁子女教育获得感的研究背景

2015年，习近平同志在深化改革领导小组的讲话中提到——要让人民群众从国家的改革发展中拥有获得感。自此，“获得感”作为一个时政名词，开始被广泛关注。2016年初习近平又提出要将“获得感作为改革成效的评价标准”。2017年十九大报告中“获得感”多处出现，并将其与当前的社会公平、民生保障、扶贫攻坚等问题相联系。在流动人口集中的城市，虽然其公共教育服务逐步对随迁子女们开放，使得他们无论是在义务阶段还是后义务阶段都能有所获得，但是随迁子女是否能真正从这些教育获得中受益？他们的获得感如何？流入地城市的公共教育服务均等化还需如何推进？这些都是值得思考的问题。

## 二、城市流动人口随迁子女教育获得感的研究回顾

无论是随迁子女义务阶段的教育问题，还是后义务阶段的教育问题，其本质都涉及公共教育服务的均等化问题。自2005年我国提出要开展基本公共服务均等化治理后，教育服务均等化便成为该项工作的重点内容之一。有关公共教育服务均等化的概念内涵十分丰富，如从教育资源角度出发，认为教育均等化是通过对教育经费、师资队伍、教学条件等三方面资源的配置，以实现相对均衡的状态（喻登科等，2011）；从教育成效角度出发，认为均等化是不同主体和区域的教育投入与教育产出处于相对一致

的理想比例状态（荣雷，2011）；从教育公平的角度来看，认为均等化是起点公平、过程公平及结果公平的综合发展结果（陈栋，2017）。

基于上述对公共教育服务均等化的理解，衍生出了各种教育均等化的评价体系，如喻登科等（2010）从资源配置角度，构建了测量教育均等化的评价指标体系，并对我国31个省级行政区的基础教育均等化展开实证研究，进而得出我国基础教育资源配置较为均等且不断提升的结论；罗哲等（2016）借鉴平衡计分卡，立足于教育成效的观点，构建了基本公共教育服务均等化绩效评估框架；王迈善（2008）依据教育公平的各个阶段，设计了正规三级教育公平的具体评价指标。

从以往的各种相关研究中可以发现，学者们对教育均等化的评价标准往往侧重于人口、固定资产、财政投入及科技文化等客观性指标，而忽略教育受益主体的价值感受。因此，本研究认为，公共教育服务均等化的评判标准可以包含两个方面：一是教育服务资源均衡配置的客观结果；二是教育服务对象对教育获得的主观感受。

## 三、城市流动人口随迁子女教育获得感的阐释

由于“获得感”是近年来中国特产的新生概念，学界对其理论内涵的研究较少，目前也尚未有权威、统一的界定。首先，国外与其相近的研究概念有“幸福感”“满意度”等，但从其构成来看，首先，“幸福感”“满意度”等侧重于个体的主观心理感受，而“获得感”则包含个体的客观实际获得及主观心理感受（康来云，2016）。《人民论坛·学术前沿》（2017）对“获得感”展开解释，认为“获得感”的起始点和落脚点都是在“获得权益”的保障上，只有权益保障了，才会有实际获得，才会有满意度产生。其次，目前学界均认为获得感的内容是丰富且全面的。曹现强等（2017）从主客观条件出发，认为“获得感”既可以是物质条件的获得，也可以是权利地位的获得，又可以是信息文化的获得，更可以是人际情感的获得等。王浦劬等（2018）认为“获得感”的内容应该是我国改革开放的产物，体现我国经济发展的成果，是人民在社会发展中的收益。潘建红等（2018）指出“获得感”就物质内容而言主要涉及民生领域，诸如增加收入、住房改善、教育公平、医疗保障等；而精神内容，则为思想、文化及艺术等方面。再者，关于“获得感”的形成，康来云（2016）提出了个人对获得感的理解，认为获得感除了受实际获得内容的影响外，还与他们对实际获得的满意程度存在关联。黄艳敏等（2018）认为获得感与个体的实际获得存在关系，而个体的公平认知对获得感有诱导作用。上

述两项研究均表达了一致观点："获得感"来自实际获得，获得感的强烈程度是与个人认知相关的。另外，"获得感"的主体是指全体人民，是全员性的获得（王瑾，2016）。

通过分析"获得感"提出的背景和当前的理论研究现状，本研究认为探讨流动人口随迁子女的教育获得感具有一定现实意义。通过对教育获得感的内容阐释和机理探究，将有利于义务阶段和后义务阶段教育机制的构建，促进教育公平、精准教育扶贫。

### （一）研究设计

1. 研究对象

为了深入了解流动人口随迁子女的教育获得感的内涵，研究采用访谈法，收集34名曾在上海、苏州等地处于义务阶段及后义务阶段、目前依然在流入地生活和学习的流动人口随迁子女。其中男性21人（61.8%），女性13人（38.2%）；独生子女有4人（11.8%），非独生子女有30人（88.2%）；年龄分布于16～22周岁，平均年龄为17.42周岁；目前身份为在校学生的有17人（50%），务工人员有17人（50%）；其中9人（26.5%）来自苏北及山东地区，6人（17.6%）来自东北地区，5人（14.7%）来自华北地区，7人（20.6%）来自华中地区，4人（11.8%）来自西南地区，3人（8.8%）来自西北地区。此外，上述34个样本对象均身体健康、心理状态良好、无重大生活应激事件困扰。

2. 访谈过程

为深入阐释流动人口随迁子女的教育获得感，对上述34名对象展开半结构化访谈，获取他们的基本情况（主要包括：年龄、性别、目前身份、经济收入等）和学习职业信息（主要包括：过去及当前学习的情况、当前受教育的情况、学习的目的、对义务阶段及后义务阶段的教育期望、对职业发展的需求、近三至五年内的打算及对国家扶持政策的看法等）。对随迁子女的访谈主要集中在2017年9月至2018年2月，访谈形式为一对一面谈，对每个样本的访谈时间为60分钟左右。每位访谈实施者在访谈之前均熟悉访谈流程和内容。

3. 资料记录

在每一次访谈中，采用了现场纸笔、录音设备及电子摄像等记录手段。其中，纸笔除记录现场访谈对话内容要点外，还记录访谈中非语言信息，以作为判断受访者态度、情感的参考。对于通过录音、摄影等手段记录的访谈资料，在访谈结束后转化整理为文字材料。基于上述所收集到的访谈资料，借助专业质性分析软件 MAXQDA v12.0 对其内容实施初步处理：为每一位被访流动人口随迁子女的访谈记录建立单个文档，并导入MAXQDA中组成文档集，以此作为划分各级信息数据片段的基础材料。

### （二）资料处理

基于研究的原始资料为访谈记录，本研究采用扎根理论对资料实施处理，处理过程主要分为开放式编码、主轴式编码及选择式编码等三个步骤。在此过程中，研究依据扎根理论的“信息碎片—资料重组—概念提炼—构建归纳”的思路，对流动人口随迁子女的教育获得感的内涵范畴实施界定。

1. 开放式编码

在处理开放式编码的过程中，主要围绕流动人口随迁子女的教育获得的内容和期望实施自由编码，主要提取关键词、关键短句及同类句型等，将相同或相似的内容归并整合，最终提取了83条相似信息片段的短句，形成了28个概念类别（见表6.1）。

**表6.1　流动人口随迁子女教育获得感的开放式编码**

| 序号 | 原始编码片段材料 | 概念类别 |
| --- | --- | --- |
| 1 | “我曾获得学校助学金”“我可以申请政府的补助（资助）”“我听说可以获得政府资助，但具体不清楚” | 能获得政府经济资助 |
| 2 | “还是希望政府多提供各种学习的机会吧”“能够免费学习那是最好，毕竟家里条件不宽裕”“能和本地学生一样就好了” | 希望获得政府进一步资助 |
| 3 | “在社区的牵线下，我获得好心人的资助”“有企业资助我学习，因为我成绩好”“对于特定学习内容，我可以向（某公益组织）申领补助费用” | 有条件地获得社会资助 |
| 4 | “教室新装修的”“教室里有多媒体设备”“操场是塑胶跑道”“学校面积不大”“我常去学校图书馆自习”“学校有集体活动的礼堂” | 学校教学条件较好 |
| 5 | “学校的教室如果能供暖就好了，冬天冷”“学校上网不要收费”“学校图书馆能否再大一点，书多一点”“学校能提供住宿就好了” | 期望学校条件的改进 |
| 6 | “我家社区没有图书馆和资料室”“没有想过去社区参加培训教育”“社区在哪里我都不知道”“没有社区人员向我家宣传任何学习内容” | 对社区的教育环境不满意 |
| 7 | “除学校外，还有哪里可给我提供各种学习资源啊”“我住的社区能组织活动就好了” | 对社区教育条件的期待 |

续表

| 序号 | 原始编码片段材料 | 概念类别 |
| --- | --- | --- |
| 8 | “我觉得现在的老师挺好的”“老师都是读过大学的吧”“有些老师是企业的老师傅”“年轻老师不多”“老师上课都挺认真的但下课就不管我们了”“学校（机构）里老师人数挺多的” | 对所受的教育师资较为满意 |
| 9 | “如果有名师大家来当老师就好了，哪怕是一次讲座” | 对师资的期望 |
| 10 | “我参加过几次培训讲座”“我在我工作的单位会碰到宣传继续教育的活动” | 有机会参加公共教育活动 |
| 11 | “教育讲座能否不要广告，内容实在一点”“能经常有名家名师的讲座就好了”“教育活动能否保持连续啊” | 公共教育获得的实际性要求 |
| 12 | “经常收到有关职业培训的活动信息”“我加入了相关的 QQ（微信）群的”“有老乡告诉我相关活动信息” | 能获得相关公共教育信息 |
| 13 | “希望获得的教育信息是真实的”“有官方的 QQ（微信）群么”“好怕进入传销组织啊” | 公共教育信息权威性的保障要求 |
| 14 | “我的资料有老师给的”“很难找到课外学习资料”“不知道哪里去找啊” | 学习资料获得有限 |
| 15 | “能让我知道哪里可以获得优质的学习资料”“那些教育信息网站的资料能免费下载就好了” | 对学习资料获取的期待 |
| 16 | “我好像没有资格参加本地中考吧”“我家好不容易帮我报名参加中考的”“我高中是借读的，家里找的人”“我回老家参加考试的，不过考的学校是这里的”“听说有专门的升学政策，但没感到有实施啊” | 感到升学机制存在障碍 |
| 17 | “如果这里的学校能注册报名入学就好了”“入学考试不要看户口啊”“能有政策倾斜么？比如加分什么的” | 对升学机制的期待 |
| 18 | “我借读这里的高中，为了考大学”“我读的是职业高中，但以后也想参加高考”“我读的是中职，毕业后可以找个工作”“我参加过短期职业培训” | 以接受职业教育培训为主 |
| 19 | “老师上课都挺认真的但下课就不管我们了”“我觉得老师对我的态度和初中小学的不一样，没那么唠叨” | 师生关系相对普通 |
| 20 | “老师如果年轻一点更好交流”“在课后能找到老师获得他的指导更好”“希望和老师也能成为朋友吧” | 希望师生关系密切 |
| 21 | “在学校里我的好朋友不多”“很多同学好像没有共同语言”“培训中我觉得同学对我的帮助很大” | 同学关系存在差异 |
| 22 | “我有机会认识更多的人” | 能拓展人际关系 |
| 23 | “现在呆的学校还行吧”“这里的培训机构挺不错的” | 比较认同所在学校 |

续表

| | 原始编码片段材料 | 概念类别 |
|---|---|---|
| 24 | “我觉得在城市我只有继续学习下去才有出路”“我觉得学这个挺好的，将来能找到工作”“我是不想再读书了，抓紧学个谋生技能吧” | 学习目的性较强 |
| 25 | “继续读书是为了拿学历证书啊”“虽然是职业培训，但如果培训结束后能获得学历证书就好了” | 对学习结果有要求 |
| 26 | “老师讲的理论，有时候真的听不太懂”“我参加了一个家政服务培训班，但我其实想学做西式糕点”“我在学校学习是的机电数控，感觉以后也就是去电子厂打工” | 对所学内容表示不满足 |
| 27 | “学一些实用性的东西，可以找工作”“我觉得先把理论基础知识打好，可以考大学”“学一些农业技术，即使回家乡也有用”“学怎么做生意吧，我爸妈就是干这个的”“学习英语，我觉得很有用”“我想把我的兴趣爱好深入学习” | 对学习内容的实用性要求 |
| 28 | “有些培训机构的学费太高了”“五百元以下的有意义的培训，我想我会参加吧”“只要付费的教育培训我一般都不考虑” | 教育消费投入意愿不高 |

### 2. 主轴式编码

主轴式编码是在开放式编码的基础上，将各个概念类别依据某种概念范畴有机联结，形成概念串联。本研究将流动人口随迁子女的教育获得感的28个概念类别实施串联，形成独立属类8个。

### 3. 选择式编码

为进一步归纳流动人口随迁子女教育获得感的核心范畴，本研究系统地将8个独立属类不断进行比较和归纳，按照当前学者对“获得感”的理解，组建了流动人口随迁子女教育获得感运作机制的核心范畴（见表6.2）。

**表6.2　流动人口随迁子女教育获得感的核心范畴发展过程**

| 序号 | 一级编码（开放式概念类别） | 二级编码（开放式属类） | 三级编码（主轴式独立属类） | 四级编码（选择式核心范畴） |
|---|---|---|---|---|
| 1 | 能获得政府经济资助<br>希望获得政府进一步资助 | 政府资助 | 经济资助 | 教育物质条件的获得 |
| | 有条件地获得社会资助 | 社会资助 | | |
| 2 | 学校教学条件较好<br>期望学校条件的改进 | 学校条件 | 教育硬件 | |
| | 对社区的教育环境不满意<br>对社区教育条件的期待 | 社会条件 | | |

续表

| 序号 | 一级编码（开放式概念类别） | 二级编码（开放式属类） | 三级编码（主轴式独立属类） | 四级编码（选择式核心范畴） |
| --- | --- | --- | --- | --- |
| 3 | 对所受的教育师资较为满意<br>对师资的期望 | 师资条件 | 教育师资 | 教育师资信息的获得 |
| 4 | 有机会参加公共教育活动<br>公共教育获得的实际性要求 | 拓展活动 | 学习信息 | |
| | 能获得相关公共教育资讯<br>公共教育资讯权威性的保障要求 | 教育资讯 | | |
| | 学习资料获得有限<br>对学习资料获取的期待 | 学习资料 | | |
| 5 | 感到升学机制存在障碍<br>对升学机制的期待 | 升学机制 | 教育权益 | 教育权益保障的获得 |
| | 以接受职业教育培训为主 | 教育类型 | | |
| 6 | 师生关系相对普通<br>希望师生关系密切 | 师生关系 | 人际关系 | 教育人际资源的获得 |
| | 同学关系存在差异 | 同学关系 | | |
| | 能拓展人际关系 | 其他人际 | | |
| 7 | 对所学内容表示不满足<br>对学习内容的实用性要求 | 学习诉求 | 诉求倾向 | 教育诉求情感的获得 |
| | 学习目的性较强<br>对学习结果有要求 | 学习目的 | | |
| 8 | 教育投入意愿不高 | 投入意愿 | 情感倾向 | |
| | 比较认同所在学校 | 学校态度 | | |

为了保证本研究最终所获的核心范畴的完整性，还实施了访谈资料的饱和度检验，具体步骤是先将 34 个访谈样本中的 29 个样本实施各级编码，再对剩余的 5 个样本独立编码，对比两者是否产生新的概念、属类和范畴。检验结果表明，检验样本编码未有新概念范畴产生，本研究达到理论饱和度水平。

### （三）流动人口随迁子女教育获得感的内涵诠释

#### 1. 教育获得感的内容范畴及特征

通过前文的文献回顾，学界一致认为“获得感”的内容和具体表现是丰富多样的，这种多样性特征也体现在本次扎根理论的分析结果中。通过综合83个短句、28个概念、8个类属及5个核心范畴，发现流动人口随迁子女教育的获得感来自5个方面，即教育的物质条件、教育的师资信息、教育的权益保障、教育的人际资源以及对教育的诉求情感。这5个方面由随迁子女对后义务阶段教育的“实际获得”和“期望获得”构成，也粗略地涵盖了目前学者对“获得感”内容的理解和界定。

但是，细究流动人口随迁子女教育获得感来源的具体内容，可以发现他们在义务阶段和后义务阶段的教育资源的获得情况相对一致，并且期望的内容也差异不大。从我国当前的教育发展水平来看，该群体的教育获得感的内容来源和层次都处于落后状态。

（1）内容来源简单狭隘。

虽然流动人口随迁子女教育获得感的5个来源基本涵盖了学者们对获得感的理解和界定，但是如果对照当前国家在义务阶段和后义务阶段的教育体系建设来看，随迁子女的教育获得感内容是狭隘的：在物质条件方面，流动人口随迁子女的教育获得感仅体现在教育经费、教舍条件、社区管理等基本教育资源的表达；在信息资源方面，他们也仅表达出对最基本的公共教育咨询的期望和获得；在情感诉求方面，也仅局限于学习、学校等概念；此外，在权益保障和人际关系等范畴，流动人口随迁子女所表达的教育获得感内容来源更是简单而基本，甚至不完整。与当今全民教育内容相比，随迁子女们在教育的实际获得和期望上没有表达诸如学校运动场地、音乐文化设置、审美艺术、职业发展、心灵成长、健康养生、海外游学、海外深造等。而这些内容是我国改革开放以来，在教育发展和变革中出现的新内容、新获得。

（2）内容层次水平偏低。

由于流动人口随迁子女教育获得感内容来源简单狭隘，因此他们教育获得感内容的层次水平偏低：更多的内容表达在基本教育要素的范围，如教育经费、教育场地、教育师资等。在教育经费上，随迁子女关注的是外界的资助，而自身却不愿意在教育消费上有所投入；但是，对于后义务阶段教育的性质而言，其教育消费就应该以受教育主体自身投入为主。在教育场地方面，随迁子女关注的教育硬件范围仅局限在教室、操场、图书馆等基本场地，对义务阶段和后义务阶段的教育获得与期望的差异小；但是无论义务阶段还是后义务阶段，个体发展更多的是倾向于综合能力和素质的塑造，教育场地也不仅仅是在教室、操场等，实验室、音乐厅、艺术馆、健身房等均是现代后义务教育的硬件资源。在教育师资要素上，流动人口随迁子女虽然表达了希望获得名家名师的指导和教育，但是依旧是在传统教学模式下的追求；多元化、多渠道的现代教学模式，名家名师的指导和教育可能已属于公益性或付费性的资源。

2. 随迁子女教育获得感的产生机理

虽然流动人口随迁子女的教育获得感的内容来源狭隘简单，但最初整理后也多达83个类似短句，最终涵盖了5个大范畴，包含了几十种概念。获得感内容的庞杂性，使得其产生机理无法用一个普遍的粗略假设来细致地展开解释，应该因人因事而异。因此，依据本次访谈的34个样本的分析结果来看，本研究认为随迁子女在教育的“实际获得”和“期望获得”的表达上存在一定的规律，他们的教育获得感是两者综合作用的结果，其产生机理具体如下（见图6.1）：

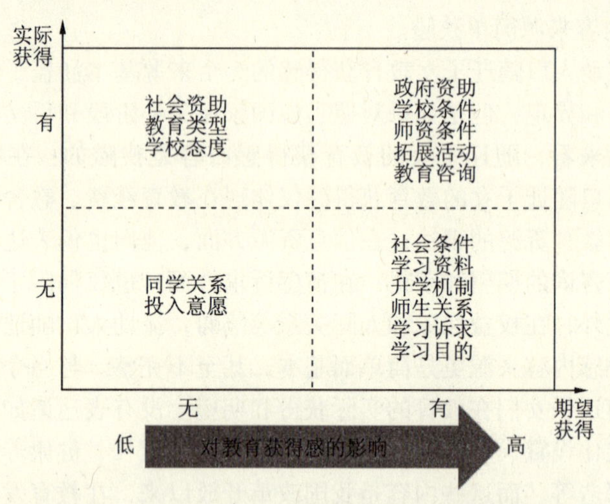


**图6.1 流动人口随迁子女教育获得感的产生机理**

（1）在访谈的某些项目上，流动人口随迁子女更多地表达了他们的获得水平，并持肯定态度，而没有将他们的期望内容表达出来，说明此时随迁子女在“实际获得”上是高于或等于他们的“期望获得”。例如，获得社会的资助、对所在学校或培训机构的情感认同等。因此，后义务阶段的随迁子女在这些项目上产生的获得感水平应该是较高的。

（2）当流动人口随迁子女对他们当前的“实际获得”虽然表达了肯定态度，但同时也表达了更高的期望水平时，他们的“实际获得”是略低于“期望获得”的。例如，政府的资助、教育的软硬条件、师生关系及学习目的获得满足等。他们在这些项目上产生的获得感属于中等水平，也占较大的权重。

（3）当流动人口随迁子女对他们当前的“实际获得”表达出不满的态度，并且也表达了他们在不满项目上的期望时，他们的“实际获得”是远低于“期望获得”的。例如，社会的教育条件、升学机制、学习内容的实用性获得等。他们在这些项目上的获得感水平是偏低的，并且对个人整体获得感水平起到拉低作用。

（4）当流动人口随迁子女对他们当前的“实际获得”表达了不满的态度，却未表达他们对该项目的期望内容及水平时，说明他们的“实际获得”一直处于低水平，使得他们已经不敢抱有任何“期望”，如教育额外投入的获得、同学关系的获得等。他们在这些项目上的获得感水平不高，但对整体获得感的高低影响不大。

综合而言，流动人口随迁子女对教育“实际获得”的满意程度充分体现在他们对当前的获得内容的态度倾向及是否存在进一步的期待。当随迁子女对某项获得存在期望时，他们会将“实际获得”和“希望获得”展开比较，而这个比较结果会影响他们对该项获得体验的满意程度；而如果随迁子女对某教育项不存在获得期望，无论他们的实际获得如何，对体验作用较小。实际获得和获得的满意程度构成了他们整体的教育获得感。

### （四）流动人口随迁子女教育获得感内涵的思考

流动人口随迁子女义务阶段的教育问题是学界研究的一个焦点，随着时间的推移和社会的发展，他们后义务阶段的去向也为大家所关注。本研究通过扎根研究阐释了其内容来源，总结了其产生机理。在明确上述问题后，本研究认为流动人口随迁子女教育获得感可以作为该群体研究中的一项评价指标，对目前尚未解决的问题展开深入探讨。

#### 1. 应用于教育公平问题的评价研究

教育公平问题是我国多年来社会各界一直关注和重视的一个问题，而流动人口随迁子女及留守儿童是教育公平问题的聚焦群体。所谓的教育公平，也仅指是相对的公平，绝对公平的实现难度巨大，而且绝对公平的结果也未必合理化和人性化。

本研究认为教育获得感将是评价教育公平的一项理想指标，原因在于获得感的主客观统一：它的内容既涉及客观的实际获得，又涉及主观的期望态度；并且从上文获得感的产生机理中可以发现，教育获得感是“实际获得”和“期望获得”综合作用的结果，而处于人生教育黄金期的流动人口随迁子女们在这一结果上的高低水平，将直接表明他们认为自己所获得的教育资源分配是否公平：获得感高，也许公平感强烈；获得感低，势必会感到不公。应用教育获得感作为评价流动人口随迁子女所获教育资源均等化的指标，将有助于提升教育政策的实际效能，也将推动教育公平问题的深入研究。

2. 应用于教育扶贫的精准定位研究

流动人口随迁子女在流入地城市属于弱势群体，即使进入后义务阶段，由于各种原因和条件限制，也使得大部分随迁子女成为城市中新一代的贫困人口。对于该部分群体的扶贫光靠经济生活的资助显然是解决不了问题，只有靠教育的手段，提升他们的人口素质和职业可雇能力，才能让他们用自己的劳动去改变贫困的现象。

但是，教育扶贫该怎么扶？哪些教育才是随迁子女在后义务阶段中期望的？哪些教育又能真正对他们职业发展有帮助？这些需要靠教育获得感去调查和评价，并得出结论和找准方向。因此，应用教育获得指标去调查随迁子女后义务阶段的教育获得情况，将有利于教育部门为其精准提供教育服务的内容，有利于政府为其精准地制定教育扶持的政策，以教育的手段改变他们贫困的现状，实现社会共荣。

## 四、城市流动人口随迁子女教育获得感的评价研究

### （一）教育获得感的评价指标

依据上述对流动人口随迁子女教育获得感的内涵阐释和概念界定，构建了相应的评价指标体系，设物质资源、信息资源、权利保障及人际情感这四项一级指标，在每个一级指标下设置若干代表分类的二级指标，并在每个二级指标下设置代表细节内容的三级指标，三级指标共计 20 项，具体如表 6.3 所示：

**表 6.3 随迁子女公共教育服务获得感的评价指标体系**

| 一级指标 $A$ | 二级指标 $B$ | | 三级指标 $C$ |
|---|---|---|---|
| 物质资源 | $B_1$ | 经费资助 | $C_1$：政府资助、社会资助 |
| | | 师资条件 | $C_2$：师资数量、师资质量 |
| | | 学习条件 | $C_3$：学校条件、社会（社区）条件 |
| 信息资源 | $B_2$ | 教育规划指导 | $C_4$：教育讲座（活动）、教育 QQ（微信）等群 |
| | | 学习内容辅导 | $C_5$：课外社团、社会机构辅导、课外学习资料 |
| 权利保障 | $B_3$ | 入学机制 | $C_6$：公办学校、民办学校 |
| | | 升学机制 | $C_7$：义务阶段、后义务阶段 |
| 人际情感 | $B_4$ | 人际关系 | $C_8$：师生关系、同学关系、其他人际关系 |
| | | 情感倾向 | $C_9$：学校情感、学习情感 |

### （二）教育获得感的评价过程

关于流动人口随迁子女教育获得感的评价数据采集，集中于 2017 年 11—12 月期间。整个过程分为两个阶段，第一阶段为获得感指标的排序评价：要求样本随迁子女就教育获得感指标体系内的所有指标，在各层级内分别按其认为的重要程度由高到低排序，共计排序 14 次。该阶段的评价者样本随机选取在上海、苏州长期生活或学习的流动人口随迁子女（人户分离）各 50 人，共计 100 人次，排序结果将作为确定获得感评价指标体系的权重值。第二阶段为获得感指标的分值评价，以此统计随迁子女在流入地教育获得感的水平。本阶段调查采用问卷形式，每个三级指标对应的问卷题项有两题，一题是调查随迁子女在该指标上是否有实际获得，答案选项为两点计分（即“有 =1”“无 =0”）；另一题是调查随迁子女在该指标上的满意度水平，答案选项为五点计分（即“很不满意 =1”“较不满意 =2”“一般 =3”“较满意 =4”“很满意 =5”）。本阶段的评价者样本随机选取沪苏两地的流动人口随迁子女，共计 1 595 人。他们来自沪苏两地的民工子弟学校、随迁子女相对集中的公办学校及社区。

### （三）教育获得感的评价结果

1. 指标权重

（1）计算方法。

本研究中对教育获得感的评价指标权重计算，采用模糊数学中的意见集中评分法。意见集中评分法是模糊决策中常用的一种方法。人们在对某种事物做评判时带有主观模糊性，因此不同的个体对多因素事物的意见表达次序是不同的。模糊意见评分法就是解决不同个体对多因素事物排序意见问题。

（2）计算过程。

设一级指标集合为 $A$，二级指标各集合分别为 $B_1$，$B_2$，$B_3$ 和 $B_4$，三级指标各集合分别为 $C_1$，$C_2$，$C_3$，$C_4$，$C_5$，$C_6$，$C_7$，$C_8$ 和 $C_9$（如表 6.3 所示），则 $A$，$B$，$C$ 三类为因素集合。设 100 位随迁子女对各层级的指标重要性的评价结果集合如下：一级指标评价结果集合为 $X$，二级指标评价结果集合分别为 $Y_1$，$Y_2$，$Y_3$ 和 $Y_4$，三级指标评价结果集合对应为 $Z_1$，$Z_2$，$Z_3$，$Z_4$，$Z_5$，$Z_6$，$Z_7$，$Z_8$ 和 $Z_9$。

由于计算内容较多，研究以一级指标集合 $A$ 为例，其余指标计算过程略。

设一级指标集合 $A=\{a_1,a_2,a_3,a_4\}$，一级指标评价结果 $X=\{x_1,$

$x_2,\cdots,x_k,\cdots,x_{100}\}$，$k$ 为 1 ～ 100 的自然数；构建函数 $P(a)=\sum_{i=1}^{n}P_i(a)$，其中 $n=100$。若 $a_1$ 在 $x_k$ 中排第 $m$ 位，则 $P_k(a_1)=100-m$，$m$ 为 1 ～ 100 的自然数。

最终得评分集合 $AA=\{P(a_1),P(a_2),P(a_3),P(a_4)\}$。为了方便后续计算，将 $AA$ 归一化后，得一级指标权重集合：

$$AA'=\{P(a_1)/\sum P(a),P(a_2)/\sum P(a),P(a_3)/\sum P(a),P(a_4)/\sum P(a)\}$$

在此需要指出的是，上述计算结果仅为层级内指标权重，最终的指标体系权重需要通过各层级权重相乘而得。

（3）计算结果。

通过上述意见集中评分法，100 名随迁子女对各层级指标的权重集合的计算结果如表 6.4 所示：

**表 6.4　随迁子女教育获得感各级指标权重**

| 指标层级 | | 评分集合 | 权重集合 | |
|---|---|---|---|---|
| | | | 层级内权重集合 | 指标系统权重集合 |
| 一级指标 | $A$ | {169,278,78,75} | {0.282, 0.463, 0.130, 0.125} | {0.282, 0.463, 0.130, 0.125} |
| 二级指标 | $B_1$ | {42,99,59} | {0.210,0.495,0.295} | {0.059,0.140,0.083} |
| | $B_2$ | {36,64} | {0.36,0.64} | {0.047,0.083} |
| | $B_3$ | {57,43} | {0.57,0.43} | {0.264,0.199} |
| | $B_4$ | {53,47} | {0.53,0.47} | {0.066,0.059} |
| 三级指标 | $C_1$ | {69,31} | {0.69,0.31} | {0.041,0.018} |
| | $C_2$ | {31,69} | {0.31,0.69} | {0.043,0.096} |
| | $C_3$ | {82,18} | {0.82,0.18} | {0.068,0.015} |
| | $C_4$ | {45,55} | {0.45,0.55} | {0.021,0.026} |
| | $C_5$ | {34,63,103} | {0.17,0.315,0.515} | {0.014,0.026,0.043} |
| | $C_6$ | {89,11} | {0.89,0.11} | {0.235,0.029} |
| | $C_7$ | {69,31} | {0.69,0.31} | {0.137,0.062} |
| | $C_8$ | {60,97,43} | {0.3,0.485,0.215} | {0.020,0.032,0.014} |
| | $C_9$ | {59,41} | {0.59,0.41} | {0.035,0.024} |

2. 教育获得感指数

（1）指数计算。

设公共教育服务获得感指数为 $G(x,y)$，依据上文的概念界定及指标体系内各指标的权重值，得

$$G(x,y) = 20\sum_{i=1}^{n} x_i \cdot y_i \cdot w_i$$

其中，$x_i$为某位随迁子女在第 $i$ 项指标上的实际获得情况，$y_i$为该随迁子女在该指标上的满意水平，$w_i$为该项指标的权重，$i \in \{1,2,3,\cdots,n\}$，$n=20$。$G(x,y)$指数值的区间范围为（0，100）。

（2）指数结果。

经计算可得 1 595 名流动人口随迁子女的公共教育服务获得感指数得分，其中最高分为 78.98，最低分为 16.77，总体平均得分为 31.66 ± 38.73（平均分 ± 标准差）。总体在各级指标上的获得感得分情况如表 6.5 所示：

**表 6.5　随迁子女教育获得感指数总体得分情况**

| 一级指标 | | | 二级指标 | | | 三级指标 | | |
|---|---|---|---|---|---|---|---|---|
| 名称 | 平均得分 | 标准差 | 名称 | 平均得分 | 标准差 | 名称 | 平均得分 | 标准差 |
| 物质资源 | 12.698 | 14.523 | 经费资助 | 2.132 | 2.533 | 政府资助 | 1.577 | 1.121 |
| | | | | | | 社会资助 | 0.555 | 1.789 |
| | | | 师资条件 | 5.438 | 10.341 | 师资数量 | 1.892 | 3.432 |
| | | | | | | 师资质量 | 3.546 | 6.063 |
| | | | 学习条件 | 5.129 | 2.427 | 学校条件 | 4.872 | 2.126 |
| | | | | | | 社会条件 | 0.256 | 0.784 |
| 信息资源 | 4.282 | 4.982 | 规划指导 | 1.052 | 2.638 | 教育活动 | 0.249 | 1.002 |
| | | | | | | QQ 群等 | 0.803 | 1.265 |
| | | | 学习内容辅导 | 3.230 | 3.932 | 课外社团 | 0.063 | 0.998 |
| | | | | | | 社会机构 | 0.093 | 1.978 |
| | | | | | | 课外资料 | 3.073 | 2.245 |
| 权利保障 | 8.649 | 14.726 | 入学机制 | 5.709 | 8.876 | 公办学校 | 4.558 | 9.232 |
| | | | | | | 民办学校 | 1.152 | 0.989 |
| | | | 升学机制 | 2.940 | 6.921 | 义务阶段 | 2.902 | 6.324 |
| | | | | | | 后义务阶段 | 0.038 | 1.137 |

续表

<table>
<tr><th colspan="3">一级指标</th><th colspan="3">二级指标</th><th colspan="3">三级指标</th></tr>
<tr><th>名称</th><th>平均得分</th><th>标准差</th><th>名称</th><th>平均得分</th><th>标准差</th><th>名称</th><th>平均得分</th><th>标准差</th></tr>
<tr><td rowspan="5">人际情感</td><td rowspan="5">6.034</td><td rowspan="5">4.121</td><td rowspan="3">人际关系</td><td rowspan="3">3.629</td><td rowspan="3">2.120</td><td>师生关系</td><td>0.904</td><td>0.667</td></tr>
<tr><td>同学关系</td><td>2.350</td><td>1.231</td></tr>
<tr><td>其他关系</td><td>0.375</td><td>0.954</td></tr>
<tr><td rowspan="2">情感倾向</td><td rowspan="2">2.405</td><td rowspan="2">2.211</td><td>学校情感</td><td>1.628</td><td>1.564</td></tr>
<tr><td>学习情感</td><td>0.777</td><td>1.112</td></tr>
</table>

## 五、城市流动人口随迁子女在流入地城市获取公共教育服务的状况

本次调查的1 595名流动人口随迁子女的获得感指数平均值仅为31.66，可见随迁子女在流入地城市的教育获得感水平整体偏低。在这些已经实现教育基本均衡化的流入地城市，却呈现出流动人口随迁子女的教育获得感偏低的现象，那么造成他们低获得感的原因有哪些方面呢？为此，研究对随迁子女的教育获得感评价结果实施进一步分析，得到如下若干结论。

### （一）不同层次的教育服务获得不均衡

排除各项指标的权重因素，将所有随迁子女的公共教育服务获得感三级指标得分进行排序，如图6.2所示。依据得分排序结果可见，获得感分值排名前五的三级指标分别为：学校条件、公办学校、师资质量、课外资料及义务阶段的入学机制；获得感得分较低的五项三级指标分别为：后义务阶段的入学机制、课外社团活动、社会辅导机构、教育（讲座）活动及社会学习条件等。得分排名前五的指标内容是属于公共教育服务中最基础的，如果缺少这些公共教育服务资源，将无法展开正常的教育活动。由随迁子女在这些项目上的较高获得感，可以推断他们在流入地的基本教育服务是获得满足的，这也印证了沪苏等流入地城市已经实现教育基本均衡化的事实。

但流动人口随迁子女获得感评价较低的后五项指标，均属于公共教育服务获得的升级内容，它们不是教育活动的基础核心要素。当社会发展到一定阶段，人们对美好生活有更多的需求时，就会从获得教育的基础服务升级为获取教育的其他服务。流动人口随迁子女在流入地的公共教育的升级服务上获得感偏低，正说明流入地城市在公共教育服务上的发展依然存

在不均衡，这与流动人口随迁子女群体对较高层次教育服务资源的美好追求是存在矛盾的。

综上所述，流动人口随迁子女在流入地城市最基础的公共教育服务是获得满足的，但在更高层次的公共教育服务上，他们的实际获得是很少的。不同层次的教育服务获得不均衡，是造成流动人口随迁子女获得感不高的原因之一。

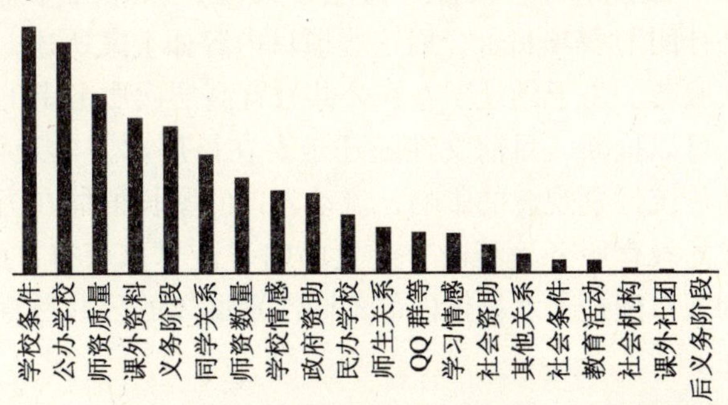


**图 6.2　流动人口随迁子女整体在三级指标上的获得感排序**

### （二）群体内各类成员的获得不均衡

本研究中的流动人口随迁子女样本是由不同性别、阶段、学校、地区的个体构成，这些群体的属性也造成随迁子女群体内部成员之间在获得感上存在差异。通过对不同群体属性的 T 检验，可以发现：不同性别、就读于不同性质学校的随迁子女，在教育获得感上存在显著差别；而上海和苏州两地的随迁子女的获得感基本无差异，就读小学阶段和初中阶段的随迁子女在获得感上虽无显著差异，但小学阶段的教育获得感水平要高于初中的。具体如表 6.6 所示：

**表 6.6　不同属性的随迁子女获得感差异比较**

| 属性类别 | | 公共教育获得感（平均分 ± 标准差） | $t$ 值 |
|---|---|---|---|
| 性别 | 男（$n=978$） | 32.97 ± 35.13 | 2.313* |
| | 女（$n=617$） | 28.58 ± 39.55 | |
| 地区 | 上海（$n=813$） | 31.65 ± 38.77 | 0.129 |
| | 苏州（$n=782$） | 31.90 ± 38.63 | |
| 学校性质 | 公办（$n=778$） | 36.89 ± 33.12 | 5.385** |
| | 民办（$n=817$） | 26.76 ± 41.33 | |
| 学习阶段 | 小学（$n=663$） | 32.83 ± 37.64 | 1.119 |
| | 初中（$n=932$） | 30.68 ± 37.89 | |

注：“**”表示 $P<0.01$；“*”表示 $P<0.05$.

1. 传统性别观念导致教育资源供给不均衡

不同性别的流动人口随迁子女在教育获得感的评价得分上存在显著差异，男性显著高于女性，这充分体现了来自农村的流动人口群体在对待他们子女教育问题上受传统性别观念的影响。进一步观察不同性别的随迁子女在各三级指标上的获得感情况（如图6.3)，可以发现男性和女性的差异主要集中在“社会条件、教育（讲座）活动、课外机构辅导、课外学习资料及课外社团”等项目上，而这些项目内容如上文所述，属于公共教育的较高层次服务。由于随迁子女在公共教育高层次服务上的整体获得水平是较低的，可以推断，目前女性随迁子女在该层次上的获得是极低的。也就是说，受传统性别观念的影响，流动人口的家长群体在为随迁子女创造获取高层次的教育服务途径时，会更倾向于让男孩获得，而忽视女孩。这导致了流动人口随迁子女群体内部不同性别群体的公共教育服务供给不均现象的存在。

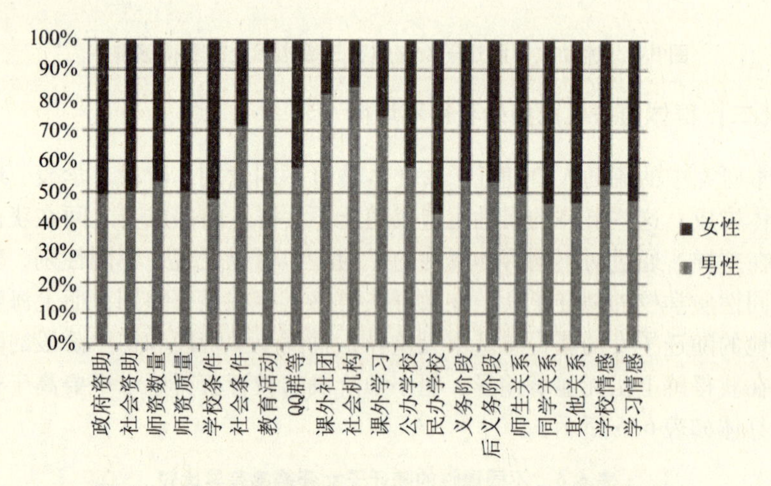


图6.3 不同性别的随迁子女在三级指标上的获得感分布

2. 流动人口随迁子女教育获得的连锁效应导致不均衡

流动人口随迁子女群体内部在公共教育服务的获得感上，除存在性别差异外，还存在因就读不同性质学校而产生的差异。为进一步探究群体内部的差异特征，本研究将随迁子女在教育获得感上的总分与各三级指标进行相关分析，得到各项三级指标与总分的相关度，可以发现与获得感总分最高正相关的指标是公办学校，而最高负相关的是民办学校，这再次说明公办学校学生的获得感要显著高于民工子弟学校学生。虽然这是显而易见的事实，但深入探究可以发现：就读不同性质学校的实际获得差异不仅局限于学校本身，更多的是来自学校带来的更多的其他公共教育服务，包括基础的和更高层次的。从各三级指标相关度的排序结果来看（如图6.4），学校条件、师资数量、师资质量、社会学习条件等与总分也高度显著相关。可以说，这是因为随迁子女就读了公办学校而附带地获得了相对优质的上述教育服务；如果没有就读公办学校，可能获得的教育服务质量就会偏低，也会导致这部分流动人口随迁子女的获得感较低。此外，由于就读公办学校的随迁子女获得了较为优质的基础教育服务，所以他们将有更大的动力和机会去进一步追求公共教育的高层次服务。因此，就读的学校性质导致随迁子女在流入地公共教育服务上呈现出连锁的获得效应，进而导致群体内部出现教育服务获得的不均衡。

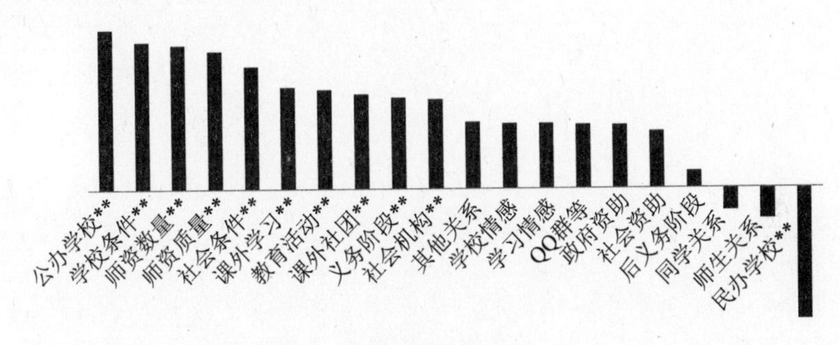


注："＊＊"表示 $P<0.01$；"＊"表示 $P<0.05$.

**图6.4　随迁子女教育获得感总分与各三级指标的相关度排序**

### （三）义务与后义务阶段的获得不均衡

本研究的样本群体是年龄范围为12～20周岁的流动人口随迁子女，按不同年龄分别统计他们的教育获得感，呈现了两个低谷形态（如图6.5）——12周岁和16周岁各为一个获得感分值的低谷年龄。而从这两个年龄对应的学习阶段来看，12周岁正处于"小升初"时期，16周岁则面临着将要完成义务阶段教育和初中毕业。结合教育获得感的三级指标得分排序结果（如图6.2），后义务阶段教育机制保障的获得感得分最低，也就是说随迁子女对他们在完成义务阶段教育后，在流入地城市能否获得后义务阶段的教育是未知的。当然，随着随迁子女真正进入后义务阶段，也许会感

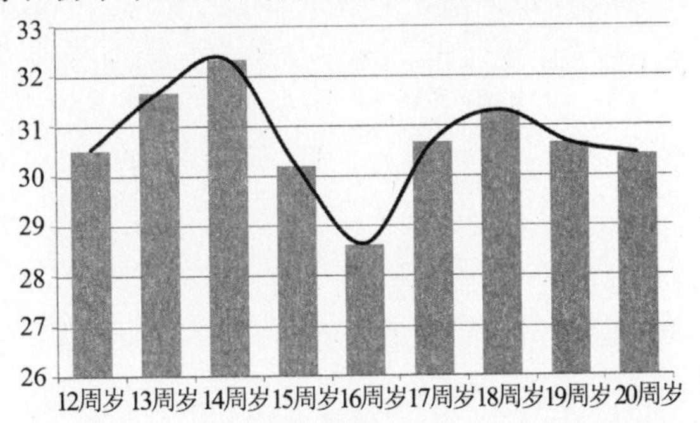


**图6.5　不同年龄阶段随迁子女的获得感水平**

受到其学历教育和非学历教育的获得并非那么困难，因此其获得感也会转而升高并趋于平稳。

这些教育获得感评价的分析结果，折射出随迁子女在流入地升、入学机制的低保障，而现行的升、入学机制尚未向流动人口随迁子女提供完善和完整的公共教育服务。对随迁子女而言，义务阶段和后义务阶段的获得是不均衡的。他们后义务阶段的低获得感需要流入地政府正视——随迁子女后义务阶段的教育获得，是当地政府推进公共教育均等化的一个瓶颈。

# 第七章

# 城市流动人口随迁子女返乡就创业及培训教育需求

## 一、城市流动人口随迁子女返乡问题的产生背景

如第二章所述，20 世纪 90 年代中期，农村剩余劳动力由“单身进城务工”转为“举家迁移”模式，流动人口随迁子女群体也由此产生。经过 20 多年的发展，最早一批随迁子女已步入成年，但“城乡二元”机制尚未被打破，导致该群体中有很大一部分人在流入地勉强完成义务教育后，却面临着依然无法真正留在城市的尴尬境遇。作为新生代农民工的主力军，流动人口随迁子女在后义务阶段的出路问题，是他们当前的人生困惑。而如今，中央政府的“返乡”号召，为该类群体在后义务阶段的去向开辟了一条有利的发展路径。

2013 年，中央政府推行“大众创业　万众创新”的经济发展新局面，先后多次提及农民工返乡创业问题；2015 年 6 月，国务院办公厅发文《支持农民工等人员返乡创业的意见》（国办发〔2015〕47 号），主动引导农民工返乡发展新经济；2017 年初，中央政府在《“十三五”促进就创业规划》中明确表示“进一步支持农民工返乡就创业”。

## 二、城市流动人口随迁子女返乡问题的研究回顾

“十一五”规划期，关于流动人口随迁子女的研究不断细化，如随迁子女学习环境的适应性、随迁子女家庭教育的策略、公立学校内的随迁子女的社会距离等。近些年有学者将目光投向了后义务阶段的异地中高考问

题，如孙新（2013）就异地高考从流入地类型和条件设置展开分析，给出初步的改革方案。当然也有研究提出，随着社会的改革和欠发达地区的发展，流动人口随迁子女也可能会产生返乡行为。

流动人口返乡，也称为农民工返乡或农民工回流。早在20世纪90年代末，流动人口返乡的个案研究便已出现，但至2008年，关于该类问题的研究并不多。2008年和2009年，因受到国际金融危机的影响，我国发达城市的用工需求量锐减，导致大量农民工“被迫”返乡，因而农民工返乡问题的研究数量在这一时期增加。盛来运（2009）研究了金融危机下农民工返乡的特征和返乡行为可能带来的负面问题；徐晓军（2009a；2009b）分别研究了返乡青年农民工的“游民”风险和“灰恶化”风险问题；李强（2009）基于“推拉理论”，通过控制人口、经济和社会心理因素来研究农民工留城和返乡意愿的影响因素。

但随着社会的发展，我国中西部地区的现代化建设及城镇化进程加快，农村流动人口返乡行为转为“主动”。叶静怡等（2011）通过调查、实证等手段，发现农村经济越发达，返乡的农村流动人口人力资本的期望回报率就越高，非农收入对其返乡后收入的贡献也越大，进而提升更多农村流动人口的返乡意愿。孙小龙等（2015）对上海、南京、苏州等地城市流动人口展开调查，比较了新老两代流动人口返乡定居的意愿差异，发现新一代城市流动人口返乡定居的意愿更为强烈，但意愿转化为行为的个体却不多。近年来，由于中央政府大力号召农民工群体返乡就创业，因而在城市流动人口返乡问题上，更多地集中于该群体返乡的成本决策、创业培训及政府扶持等方面的研究。

回顾过往研究，一方面流动人口随迁子女在流入地城市的生活、学习和工作虽有所改善，但新的问题不断出现；另一方面，农村流动人口特别是青年群体的返乡意愿越来越强烈，他们对返乡后的期望回报较高，但实际返乡过程中却存在一定负面“风险”问题。对此，本研究认为：首先，流动人口随迁子女返乡意愿不受外界各种干预因素直接作用，而是他们对现实和期望比较后形成的一个综合性的评估结果；其次，随迁子女无论是返乡还是留驻城市，关键是提升他们对自身状态的满意度，缩小现实与期望的差距。因此，本研究将从随迁子女在流入地的实际获得及其对后义务阶段的期望着手，探索愿意返乡和不愿意返乡的群体特征，最后从外界干预因素出发，提出提升两类不同去向群体在后义务阶段满意度的建议。

## 三、城市流动人口随迁子女返乡就创业的调查过程

### （一）研究对象

本研究样本随机选取在苏州、上海长期生活和学习的流动人口随迁子女37人，均为农村户籍，其中男性23人（62.2%），女性14人（37.8%）；独生子女有5人（13.5%），非独生子女有32人（86.5%）；年龄分布于15～18周岁，平均年龄为16.22周岁；目前身份为在校学生的有20人（54.1%），务工人员有17人（45.9%）；其中10人（27.0%）来自苏北及山东地区，6人（16.2%）来自东北地区，7人（18.9%）来自华北地区，7人（18.9%）来自华中地区，4人（10.8%）来自西南地区，3人（8.1%）来自西北地区。此外，上述37位样本对象均身体健康、心理状态良好、无重大生活应激事件困扰。

### （二）研究方法

1. 研究资料的采集方法

为深入掌握流动人口随迁子女对返乡就创业的意愿和培训需求，本研究对上述37名对象展开半结构化访谈，获取他们的基本情况（主要包括年龄、性别、目前身份、家庭环境、父母情况以及家乡情况等）和学习、职业信息（主要包括过去或当前学习的情况、对在城市务工父母职业的认同程度、对后义务阶段学习培训的需求、对职业发展的需求、近三至五年内的打算以及对当前国家“返乡”政策的看法等）。

本研究对流动人口随迁子女的访谈主要集中在2016年12月至2017年12月，访谈形式为一对一面谈，对于每个样本的访谈时间不少于1个小时。每位访谈实施者在访谈之前，均熟悉访谈流程和内容。

2. 研究资料的分析方法

为进一步挖掘流动人口随迁子女对后义务阶段发展的需求，对所收集到的37位访谈样本资料采用定性和定量分析相结合的方法。先展开定性分析，借助专业质性分析软件MAXQDA v12.0对访谈资料的内容实施处理；再依据MAXQDA质性分析的导出结果和数据，实施统计关联分析，最终获得流动人口随迁子女后义务阶段返乡就创业的意愿和培训需求。

### （三）资料处理

1. 质性研究阶段的资料处理

质性研究阶段的初始资料是对37位访谈样本的整理，为每一位被访

流动人口随迁子女的访谈记录建立单个文档，并导入 MAXQDA 中组成文档集。依据访谈内容，将每一个访谈文档划分为 4 个信息数据片段（一级编码片段）：个人情况、家庭成员、后义务阶段去向、教育学习情况。在各一级编码片段中，预设二级编码及三级编码，各级数据片段的编码设置具体如表 7.1 所示。

**表 7.1　访谈资料实施质性研究的编码设置**

| 一级编码 | 二级编码 | | 三级编码 | |
|---|---|---|---|---|
| | 片段内容 | 片段代码 | 片段内容 | 片段代码 |
| 个人情况 P | 人口学信息 | P1 | ①性别②年龄③独生子女④目前身份⑤户籍来源 | P1. 1 – P1. 5 |
| 家庭成员 F | 父亲职业 | F1 | ①自雇②受雇③稳定④不稳定 | F1. 1 – F1. 4 |
| | 母亲职业 | F2 | ①自雇②受雇③稳定④不稳定 | F2. 1 – F2. 4 |
| | 兄弟姐妹信息 | F3 | ①兄弟数量②姐妹数量③排行④工作⑤学习⑥在家乡⑦在留驻地 | F3. 1 – F3. 7 |
| 后义务去向 G | 留驻城市意愿 | G1 | ①有②无③原因④具体规划 | G1. 1 – G1. 4 |
| | 返乡意愿 | G2 | ①有②无③积极性返乡④消极性返乡⑤具体规划 | G2. 1 – G2. 5 |
| 教育学习 E | 过去学习情况 | E1 | ①学习年限②学历水平③学习成绩④有无打工经历⑤就读学校类型 | E1. 1 – E1. 5 |
| | 继续学习意愿 | E2 | ①升高中，读大学②职业培训③免费④个人出资⑤短期⑥长期⑦文凭⑧国家政策⑨培训地点 | E2. 1 – E2. 9 |
| | 期望学习的内容 | E3 | ①理论文化②职业技能③人际沟通④生活技能⑤农业⑥创业⑦其他 | E3. 1 – E3. 7 |

注：每个样本的访谈内容覆盖了所有的二级编码，但对于三级编码，则是依据情况实施标注。例如，“我还有个妹妹在读初中，也是八年前随爸爸妈妈一起出来的”，对于该片段内容，二级编码为“F3”，而三级编码为“F3. 2，F3. 3，F3. 5，F3. 7”。

2. 量化研究阶段的数据处理

37个访谈样本在经上述编码系统处理后，在此基础上对三级内容编码实施赋值处理，由此将访谈的定性资料转为定量数据，最后对上述定量资料采用数据挖掘的关联算法，进一步探究随迁子女的返乡意愿及教育需求。

三级片段内容赋值的设定如表7.2所示。

**表7.2 三级片段内容赋值的设定**

| 代码 | 赋值 | | 代码 | 赋值 | | | 代码 | 赋值 | | | 代码 | 赋值 | |
|---|---|---|---|---|---|---|---|---|---|---|---|---|---|
| P1.1 | 男=1 | 女=0 | F3.1 | 实际数值 | | | G2.3 | 有=1 | 无=0 | | E2.6 | 有=1 | 无=0 |
| P1.2 | 实际数值 | | F3.2 | 实际数值 | | | G2.4 | 有=1 | 无=0 | | E2.7 | 有=1 | 无=0 |
| P1.3 | 是=1 | 否=0 | F3.3 | 老大=1 | 中间=2 | 老幺=3 | G2.5 | 字符型内容，归类分析 | | | E2.8 | 知道=1 | 不知=0 |
| P1.4 | 务工=1 | 在校=0 | F3.4 | 有=1 | 无=0 | | E1.1 | 实际数值 | | | E2.9 | 字符型内容，归类分析 | |
| P1.5 | 具体户籍片区代码 | | F3.5 | 有=1 | 无=0 | | E1.2 | 初中毕业=1 | 初中未毕业=0 | | E3.1 | 有=1 | 无=0 |
| F1.1 | 是=1 | 否=0 | F3.6 | 有=1 | 无=0 | | E1.3 | 较好=1 | 一般=2 | 较差=3 | E3.2 | 有=1 | 无=0 |
| F1.2 | 是=1 | 否=0 | F3.7 | 有=1 | 无=0 | | E1.4 | 有=1 | 无=0 | | E3.3 | 有=1 | 无=0 |
| F1.3 | 是=1 | 否=0 | G1.1 | 有=1 | 无=不赋值 | | E1.5 | 公办=1 | 民工=2 | | E3.4 | 有=1 | 无=0 |
| F1.4 | 是=1 | 否=0 | G1.2 | 有=1 | 无=不赋值 | | E2.1 | 有=1 | 无=0 | | E3.5 | 有=1 | 无=0 |
| F2.1 | 是=1 | 否=0 | G1.3 | 字符型内容，词频分析 | | | E2.2 | 有=1 | 无=0 | | E3.6 | 有=1 | 无=0 |
| F2.2 | 是=1 | 否=0 | G1.4 | 字符型内容，归类分析 | | | E2.3 | 有=1 | 无=0 | | E3.7 | 字符型内容，词频分析 | |
| F2.3 | 是=1 | 否=0 | G2.1 | 有=1 | 无=不赋值 | | E2.4 | 有=1 | 无=0 | | | | |
| F2.4 | 是=1 | 否=0 | G2.2 | 有=1 | 无=不赋值 | | E2.5 | 有=1 | 无=0 | | | | |

## 四、城市流动人口随迁子女返乡就创业的调查结果

### （一）客观情况

从质性分析的编码频次来看，流动人口随迁子女的客观情况主要包括

家庭成员信息及过去学习情况。

(1) 父母职业的类型：父亲的职业为自雇型的有22人（59.5%），为受雇型的有15人（40.5%）；母亲的职业为自雇型的有13人（35.1%），为受雇型的有24人（64.9%）；其中双亲的职业均为自雇型的有11人（29.7%），均为受雇型的有10人（27.0%）。

(2) 父母职业的稳定性：父亲拥有稳定收入来源的人数为27人（73.0%），母亲拥有稳定收入来源的人数为22人（59.5%）；父母双亲均拥有稳定收入来源的人数为17人（45.9%）。

(3) 兄弟姐妹情况：独生子女有5人（13.5%），非独生子女有32人（86.5%）；非独生子女中，父母有3个以上（含3个）孩子的有18人（48.6%）；其兄弟姐妹留驻城市的有20人（54.1%），曾在城市生活过而返乡的有11人（29.7%）；还有9人（24.3%）的兄弟姐妹未曾有与父母随迁城市的经历。

(4) 曾经的学习情况：37名随迁子女在城市受教育的年限平均为6.22±3.14年；其中有12名随迁子女曾在家乡接受教育，他们在家乡的平均教育年限为2.42±2.04年。所有被访谈的随迁子女中，认为自己学习成绩较好的有10人（27.0%），认为自己学习成绩一般的有19人（51.4%），还有8人（21.6%）表示自己成绩较差。

### (二) 返乡意愿

#### 1. 描述性分析

依据质性编码频次分析及量化研究阶段的变量统计，37名流动人口随迁子女的返乡意愿的基本情况描述如下：

(1) 返乡意愿。

愿意返乡的有26人（70.3%），不愿意返乡的有6人（16.2%），还有5人（13.5%）表示不清楚；关于愿意返乡的原因，排在前三位的分别是：① 在家乡现在发展也不错（21人，56.8%）；② 国家有鼓励政策（16人，43.2%）；③ 流入地城市生活成本和压力太大了（10人，27.0%）；关于不愿意返乡的原因，位列前三位的是：① 流入地城市发展的机会多（6人，16.2%）；② 已经适应不了家乡的生活环境（5人，13.5%）；③ 目前在城市生活得很好（3人，8.1%）。

(2) 返乡后的打算。

在明确表达愿意返乡的26人中，有14人表示返乡后会直接创业；还有5人表示将试着就业，同时愿意接受短期的职业培训；有4人则愿意务农，学习现代农业知识；另外3人打算在家乡所在地的高中继续学习，将来要考大学。

2. 关联性分析

由于访谈样本人数为37人，属于小样本集合，因此本研究采用数据挖掘技术中的关联学习规则的Apriori算法。Apriori算法基于频项集，通过逐层搜索的迭代展开计算，使用稀疏数据集的关联规则挖掘。因此，本研究预设被访谈的流动人口随迁子女后义务去向（G）为频集，预设个人情况（P）、家庭成员信息（F）和过去学习情况（E1）为项集，并假设上述预设的频集和项集之间存在最小支持度。随后依照关联学习法则计算出频集和各项集的最小支持度和最小可信性，当某项集组合的可信性大于0.05，则该频集和项集组合之间存在有效关联，即规则成立。本研究最后得到的有效关联结果如表7.3所示。

**表7.3　流动人口随迁子女返乡意愿关联性分析结果**

| 频集 | | 项集组合 | | | | 支持度 | 可信性 |
|---|---|---|---|---|---|---|---|
| 一级频集 | 二级频集 | 项集内容1 | 项集内容2 | 项集内容3 | 项集内容4 | | |
| 愿意返乡 | 就业 | 非独生子女 | 双亲工作不稳定 | 曾在家乡有学习经历 | 已有兄弟姐妹在家乡就业 | 0.734 | 0.186 |
| | | 双亲工作不稳定 | 排行老大 | 来自苏北及山东地区 | | 0.561 | 0.061 |
| | 升学 | 在校学生 | 学习成绩较好 | 父亲工作不稳定 | 排行老幺 | 0.581 | 0.067 |
| | 创业 | 务工人员 | 男 | 非独生子女 | 自雇型 | 0.810 | 0.179 |
| | | 务工人员 | 非独生子女 | 兄弟姐妹中有工作的 | 双亲工作稳定 | 0.755 | 0.188 |
| | | 男 | 非独生子女 | 来自苏北及山东地区 | | 0.556 | 0.055 |
| | 务农 | 曾在家乡有学习经历 | 来自东北地区 | 非独生子女 | 受雇型 | 0.667 | 0.097 |
| 留驻城市 | 就业 | 自雇型 | 父母职业稳定 | 男 | 独生子女 | 0.875 | 0.184 |
| | 升学 | 公办学校 | 独生子女 | 父母职业稳定 | 自雇型 | 1.000 | 0.501 |

## （三）教育需求

从质性编码的频次来看，37位被访谈的流动人口随迁子女中，33

人（89.2%）有接受后义务阶段各类教育的需求，其中8人希望能升入高中学习，将来参加高考上大学；有10人希望通过接受短期的职业培训后就业；另有15人表示希望在就业过程中参加职业学习，以提升自己的价值。24位流动人口随迁子女希望政府能针对他们这类群体提供免费的后义务阶段教育，但也有9人表示愿意个人承担部分教育资金。所有被访谈流动人口随迁子女中，有17人（45.9%）表示了解或知晓国家鼓励农民工群体返乡就创业的新闻和政策，有5人表示知道从返乡政策中可以获得政府的教育培训服务。有后义务阶段教育需求的33名随迁子女，均表示在后续教育培训中较为看重文凭。此外，被访谈人员对后义务阶段教育内容的需求按频次由多到少排序分别为：① 职业技能；② 创业知识；③ 国家政策；④ 现代农业等。

为分析流动人口随迁子女后义务阶段的教育需求，这里同样采用了数据挖掘技术中的关联学习规则的Apriori算法，以挖掘具有不同意愿群体的教育需求情况。在计算过程中，预设随迁子女后义务去向（G）为频集，将继续学习意愿（E2）和期望学习内容（E3）设为项集，具体结果如表7.4所示。

**表7.4　流动人口随迁子女教育需求关联性分析结果**

<table>
<tr><th colspan="2">频集</th><th colspan="4">项集组合</th><th rowspan="2">支持度</th><th rowspan="2">可信性</th></tr>
<tr><th>一级频集</th><th>二级频集</th><th>项集内容1</th><th>项集内容2</th><th>项集内容3</th><th>项集内容4</th></tr>
<tr><td rowspan="4">愿意返乡</td><td>升学</td><td>看重学历文凭</td><td>学习成绩较优</td><td>理论文化知识</td><td></td><td>0.567</td><td>0.071</td></tr>
<tr><td rowspan="3">就创业</td><td>职业技能</td><td>期待在流入地接受培训</td><td>人际沟通</td><td>创业</td><td>0.899</td><td>0.343</td></tr>
<tr><td>职业技能</td><td>期待在流入地接受培训</td><td>农业知识</td><td>政策</td><td>0.766</td><td>0.321</td></tr>
<tr><td>职业技能</td><td>农业知识</td><td>创业</td><td>政策</td><td>0.588</td><td>0.067</td></tr>
<tr><td rowspan="3">留驻城市</td><td>升学</td><td>看重学历文凭</td><td>理论文化知识</td><td>个人出资</td><td></td><td>1.000</td><td>0.500</td></tr>
<tr><td rowspan="2">就创业</td><td>职业技能</td><td>看重学历文凭</td><td>个人出资</td><td>人际沟通</td><td>0.667</td><td>0.301</td></tr>
<tr><td>职业技能</td><td>看重学历文凭</td><td>创业</td><td></td><td>0.521</td><td>0.623</td></tr>
</table>

## 五、城市流动人口随迁子女返乡就创业的特征

### （一）流动人口随迁子女返乡意愿特征明显

1. 随迁子女有返乡就创业意愿的比例高、主动性强

本次访谈中，在有返乡意愿的流动人口随迁子女中，约有53.8%的人选择创业，19.2%的人选择就业，并且还有15.3%的随迁子女愿意返乡从事现代农业，这一情况与之前学者的研究存在一定差异。白南生（2002）通过调查得到返乡流动人口仅有2.5%愿意创业，90%以上的愿意继续务农；悦中山等人（2009）调查返乡的新生代流动人口愿意就创业的比例为43.2%，几乎无人愿意务农。依据流动人口随迁子女返乡原因的排序结果来看，“在家乡发展也不错”和“国家政策鼓励支持”占据前两位，与2008年金融危机导致农村流动人口返乡的原因相比，当代随迁子女的返乡意愿更显得主动。由此可见，随迁子女的观念在不断变化，对将来从事的职业和规划也不同于他们的父辈。

2. 随迁子女返乡意愿与兄弟姐妹信息关联性强

从流动人口随迁子女返乡意愿的特征来看，无论是返乡就创业，或是返乡升学和务农，这一群体的一个共同特征就是非独生子女。除此之外，他们在家中的排行、他们兄弟姐妹的职业，也都影响着他们返乡后的去向，并呈现出较高的关联水平。因此，流动人口随迁子女返乡意愿并不是受他们父辈群体的主导，而是受到同辈兄弟姐妹们的影响。

3. 不愿返乡的随迁子女其家长职业条件相对较优

在分析明确表达不愿意返乡的随迁子女的特征时，发现该类群体的父母特征信息呈现较高关联。无论留驻城市就创业或是升学，这部分随迁子女的父母特征一般表现为职业稳定、自雇型职业等。除此之外，不愿返乡的随迁子女中，独生子女偏多，该特征也呈现高关联。由此可以总结出，造成随迁子女不愿返乡的原因，一是他们留驻城市有父母较优的经济作为保障；二是他们对返乡的看法受父辈群体的引导较多，缺乏同辈群体的交流。

### （二）流动人口随迁子女学习培训需求多元化

1. 希望留驻城市的随迁子女对更高学历的追求强烈

从明确表示要留驻城市的流动人口随迁子女群体特征来看，他们对后义务阶段的学习培训有着强烈的对更高学历的追求。即使是留驻城市的就创业群体，也许是受到都市人就业生活压力的影响，认为只有高学历高文

凭才能找到好的工作，或是过上体面的生活。这一观点与他们的父辈、老一代农村流动人口的职业观念非常相似。而另一个较为明显的特征是，留驻城市的随迁子女群体在对后义务阶段培训的需求表达中，大部分表示愿意个人出资，这是因为他们有着较优的家庭经济条件作为支撑。

2. 愿意返乡就创业的随迁子女更希望在城市获得培训

虽然本次访谈的流动人口随迁子女有返乡意愿的人数比例较高、主动性较强，但是在返乡之前，特别是对于就创业群体而言，更希望能在流入地城市获得一定的职业培训或教育经历后再返回家乡。他们认为，流入地城市的经济、教育水平都要高于家乡，能获得流入地的培训和教育经历，将成为他们返乡就创业的优势和资本。

3. 现代农业知识和国家扶持政策成为返乡群体的首要培训需求

关于后义务阶段教育培训的内容，从愿意返乡就创业的群体关联特征来看，主要集中在“创业知识”“现代农业知识”“国家扶持政策”等三个方面。这从一定程度也体现了这群在城市长大的流动人口随迁子女对自身农民身份和今后职业规划的认识，也体现了这部分群体的职业素质有所提高，观念有改进。

# 第八章

# 流入地政府对随迁子女后义务阶段开展教育培训的风险问题

流动人口随迁子女在完成义务阶段教育之后，如不能进入流入地高中，又不愿意返乡的话，则将与他们的父辈一样，成为“流动劳动力”。“流动劳动力”在流动人口概念的基础上，定义为“在城市工作和生活，户籍却保留在农村，并拥有独立劳动能力的成年群体”。而随着我国产业转型升级和新型城镇化建设进程的逐步加快，一方面，包括随迁子女在内的大量农村剩余劳动力不断涌入城市；另一方面，新的经济环境对劳动力的能力和素质也提出了新的要求，这也意味着农村劳动力流入城市后要能适应城市的生活、胜任城市的工作，需要接受一定的教育和培训。为推动本地区的经济发展，劳动力流入地政府自然成为流动劳动力教育培训的主体，这也是地方政府对本地流动劳动力，特别是长期在本地生活的随迁子女在后义务阶段展开教育培训的必要性所在。

## 一、随迁子女后义务阶段教育培训的潜在风险问题

流入地地方政府承担着对本地流动劳动力的投资和管理的责任，其中包括对随迁子女（即二代流动劳动力，下文统称）后义务阶段展开教育和培训。正如上文所述，地方政府促进二代流动劳动力的教育和培训工作，将有利于提升地方的人力资本，有利于提高地方居民的整体素质，是地方政府不可推卸的公共职责。但是，在不考虑国家层面制度性因素制约的前提下，投资二代流动劳动力，对其开展教育和培训管理，对流入地地方政

府而言势必会存在一定的风险。

### （一）流入地教育资源短缺的风险

在我国流动人口较为集中的城市，其流动人口的数量往往要接近城市总人口的一半。如2015年上海常住人口近2 500万，其中非户籍流动人口高达1 000万左右；深圳市2015年常住人口1 200余万，而非户籍流动人口数量为800万。因此，如果当地政府对流动人口放开教育培训资源，最为凸显的矛盾就是导致流入地的公共教育培训资源紧张。吴晓燕（2009）对上海市流动人口随迁子女在沪后义务阶段教育和培训的可能性展开分析，发现如果一旦放开流动人口随迁子女初中后在沪学习的资源，将给上海市的高中教育和“三校”资源带来压力。桑锦龙等人（2009）在探讨城市“二代移民”异地升学的制约因素时，指出对流动人口放开城市教育资源将对城市教育发展水平造成较大冲击。李涛等人（2013）指出流入地地方优质教育资源，特别是一些优质高校资源往往不受地方政府的直接管理和分配，使得这些资源无法承担当地流动劳动力的教育和培训任务。

### （二）二代流动劳动力受教育培训后的失业性风险

当地政府促进二代流动劳动力的教育培训，其主要目的是为了满足地方经济发展中的劳动力需求。但是，由于经济社会发展的快速性及教育培训存在一定的周期性，使得地方政府对二代流动劳动力展开教育培训后，其劳动力供给结构未必能适应市场的需求结构，这就会出现二代流动劳动力在流入地失业的现象。段成荣等人（2013）依据我国第六次人口普查数据分析后指出，由于新城镇化建设和产业转型升级的背景，流动劳动力失业的可能性在不断提高。姚锦云等人（2015）指出，目前流动人口的教育缺乏全面的职业规划，导致他们在接收教育和培训后不认同即将要从事的职业，或者在职业生涯中存在频繁更换工作的不稳定性。此外，吴晓燕（2009）也指出，在对流动人口开放教育资源后，他们在接受优质教育和培训的同时也势必会对就业产生高预期，反而会导致他们的就业困难，最终处于失业状态。

### （三）二代流动劳动力自身属性的流动性风险

劳动力资源的载体是人，二代流动劳动力的载体本质是流动人口。人本身具备复杂性、多样性和自主性，而流动人口更具备了流动性的特征。因此，地方政府投资二代流动劳动力的教育培训，在其完成教育培训任务后，存在选择别的城市和地区发展的流动性风险，使得当地政府未必能获得与投入相适应的经济效益。上海流动人口子女义务教育后出路问题研究课题组（2008）报告了上海流动人口子女在接受上海市政府教育资源后，有将近三分之一的群体会流出上海，选择别的城市生存和发展。孙新（2013）在探讨异地高考制度时，指出目前在北京、上海等富有优质高等教育资源的城市，存在一定数量的户籍人口，他们在别的省市（如江苏）作为流动人口接受优质的基础教育后，返回户籍地通过异地高考等手段再获得优质的高等教育资源甚至是就业资源。此外，区域化的劳动力竞争及流动性劳动力市场的自由性，使得一部分二代流动劳动力在某个城市接受教育培训资源后，流入就业机会大、工资收入高及适宜生活的城市发展。

除此之外，对地方政府而言，上述的教育资源短缺风险、劳动力的失业风险及流失性风险的存在可能还会引发次级风险，如流入地社会治安不稳定、犯罪率升高等。

综上所述，地方政府促进二代流动劳动力教育培训的风险问题一直存在，并且成为地方政府制约流动人口获得本地优质资源的重要因素，也是以随迁子女为最主要代表人群的流动人口在流入地不能享受公平社会待遇的重要原因。对此，有学者从防范和控制风险的视角出发，提出对流动劳动力教育培训的管理对策。纵观关于流动人口或者农民工教育培训风险的研究，其立足点基本站在个体投入风险，很少研究政府的投入风险。而正如上文所述，即使立足政府视角的教育风险研究也基本是以理论解释或经验辨析为主，缺少定量的实证性研究。但是，作为对政府行为的风险研究，应当构建一定的评价指标，从量化研究的视角去分析风险存在的可能性，以此提出风控措施将更具有针对性。

## 二、二代流动劳动力教育培训的风险评估体系构建

### （一）风险评估体系的假设

#### 1. 风险评估的系统构建

依据对地方政府促进二代流动劳动力教育培训的风险问题的综述，可以基本将其风险因素归纳为“资源紧张风险”“培训后失业风险”“劳动力流失风险”三个方面，由此构建地方政府促进二代流动劳动力教育培训风险评估体系的“指数层”和“系统层”，如图 8.1 所示。

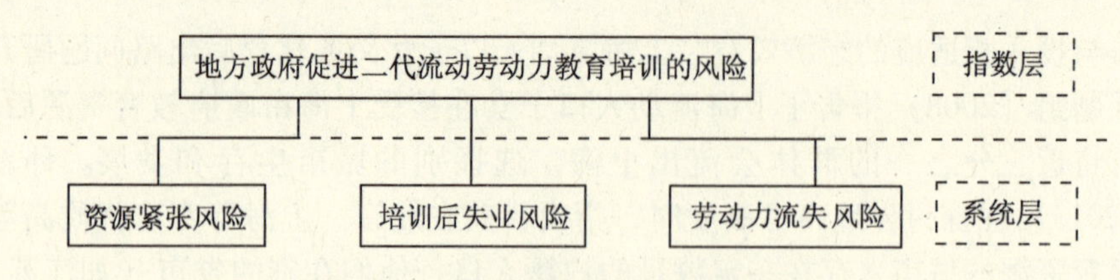


图8.1 风险评估体系的系统层构建

其中，“指数层”即地方政府促进二代流动劳动力教育培训的风险综合指数，代表一个地区或城市在对二代流动劳动力投入教育培训后存在的风险程度。而“系统层”即地方政府对二代流动劳动力投入教育培训后分项风险因素的系统性概括，本项目的三个“系统层”子分支分别为“资源紧张风险系统”“培训后失业风险系统”“劳动力流失风险系统”。

2. 风险评估的指数选择

为了便于风险指数的计算和评估，本研究依据国家统计局发布的《中国统计年鉴》中关于“人口”“国民经济”“居民就业”“公共财政”“文化教育”“全国主要城市发展”等分项内容涉及的各类指数，来构建地方政府促进二代流动劳动力教育培训的“指数层”。

（1）资源紧张风险指数。

本研究中，对“资源紧张风险”的具体界定为因流动劳动力大量涌入流入地，当流入地政府对其放开教育培训资源后，会导致该地区的教育培训资源供不应求，进而影响该地区的教育培训发展质量和水平。依据该界定，流入地的资源紧张基本集中在“教育资源”和“财政资源”，因此，对于该系统层的指数选择，一方面，因为对成年劳动力的教育培训一般由职业院校和高等院校所承担，所以本研究选取地区中职、高校的机构数和教师数与该地区人口数的比值，作为评定地区教育资源紧张的具体指数。另一方面，选取该地区公共财政总支出及教育财政支出与人口数的比值，作为评定地区财政资源紧张的具体指数。

（2）培训后失业风险指数。

“培训后失业风险”是指流入地政府利用自身的教育培训资源及财政投入，对当地流动劳动力展开相关职业教育和培训工作，但是当流动劳动力完成相应的教育培训任务后，却不能在当地从事相应的工作，面临失业的状态。这种失业状态也包括隐形失业，即流动劳动力在接受一定的教育培训后从事与其不相干的工作。因此，依据此界定，本研究选取就业人数与总人口的比值、失业人数与总人口的比值、就业人口总数与参加失业保险人口数的比值、人口增长速度和GDP增长速度的比值等作为该系统层的指数。

（3）劳动力流失风险指数。

“劳动力流失风险”是指流入地政府利用自身的教育培训资源及财政投入，对当地流动劳动力展开相关职业教育和培训工作，但是当流动劳动力完成相应的教育培训任务后，可能因为当前生活成本、就业机会及其他因素，不在培训地就业，却返乡或者转迁其他城市的现象。本研究将流动人口增长速度、就业工资与全国水平的比值、消费水平与全国水平的比值、当地居民收支比等4项作为该系统的指数层。

3. 风险评估的计算公式构建

依据上述风险系统的构建，本研究将地方政府促进流动劳动力教育培训的风险指数设为 $F$，将三个系统层指数设为 $X_i$，将指数层各指数设为 $A_i$，三者的关系如下：

$$\text{风险指数}(F) = \sum X_j \times W_j \tag{1}$$

$$\text{系统指数}(X_j) = \sum A_i \times V_{ij} \tag{2}$$

$$\text{指标指数}(A_i) = m_i \times a_i \tag{3}$$

其中，$W_j$是各系统层的权数，$V_{ij}$是各指标指数的权数，$m_i$是指标指数的性向值，$a_i$是一个具体指数。本研究中各指标指数的性向值 $m_i$ 取值为“±100”。“+100”代表该指标指数为正性，即指数值越大，风险越高；“-100”代表该指标指数为负性，即指数值越大，防风险能力越高。

### （二）风险系统的权数确定

关于地方政府促进流动劳动力教育培训的风险系统的各级权数，本研究采用层次分析法（AHP）来评判并确定，具体算法为“逆称方阵法”，由层次分析法软件 Yaaph 12.0 辅助完成，其系统层判别矩阵和三个指数层判别矩阵的计算结果如下：

$$\boldsymbol{M}_{\text{系统}} = \begin{pmatrix} 1 & 5 & 7 \\ 0 & 1 & 3 \\ 0 & 0 & 1 \end{pmatrix}$$

该矩阵的一致性比例为 $0.0624 < 0.1$，一致性显著；

$$\boldsymbol{M}_{\text{资源}} = \begin{pmatrix} 1 & 1 & 1 & 1 & 1/7 & 3 \\ 0 & 1 & 1 & 1 & 1/7 & 3 \\ 0 & 0 & 1 & 1 & 1/7 & 3 \\ 0 & 0 & 0 & 1 & 1/7 & 3 \\ 0 & 0 & 0 & 0 & 1 & 7 \\ 0 & 0 & 0 & 0 & 0 & 1 \end{pmatrix}$$

该矩阵的一致性比例为 0.022 4 <0.1，一致性显著；

$$M_{失业}=\begin{pmatrix}1 & 1/3 & 1/2 & 2\\ 0 & 1 & 4 & 4\\ 0 & 0 & 1 & 2\\ 0 & 0 & 0 & 1\end{pmatrix}$$

该矩阵的一致性比例为 0.049 5 <0.1，一致性显著；

$$M_{流动}=\begin{pmatrix}1 & 3 & 3 & 1/7\\ 0 & 1 & 1 & 1/9\\ 0 & 0 & 1 & 1/9\\ 0 & 0 & 0 & 1\end{pmatrix}$$

该矩阵的一致性比例为 0.034 1 <0.1，一致性显著。

依据上述风险系统内的各级判别矩阵，可计算得到系统层和各指数层的权数向量，结果如下：

$$W=e_{系统}=\begin{pmatrix}0.731\\ 0.188\\ 0.081\end{pmatrix},\quad V_1=e_{资源}=\begin{pmatrix}0.096\\ 0.096\\ 0.096\\ 0.096\\ 0.577\\ 0.041\end{pmatrix}$$

$$V_2=e_{失业}=\begin{pmatrix}0.154\\ 0.539\\ 0.206\\ 0.101\end{pmatrix},\quad V_3=e_{流动}=\begin{pmatrix}0.154\\ 0.063\\ 0.063\\ 0.719\end{pmatrix}$$

至此，地方政府促进流动劳动力教育培训的风险评价指标体系构建完成。

## 三、我国流动人口随迁子女集中地政府促进二代流动劳动力教育培训的风险分析

依据上述构建的风险评价指标体系，本研究选取了我国流动劳动力较为集中的几个典型城市展开风险分析。我国流动劳动力较为集中的城市一般也是流动人口相对集中的城市。参照 2015 年《中国人口与就业统计年鉴》中的数据，并结合各城市所在的地理位置，选取了北京、上海、苏州、杭州及深圳等五个城市的指标数据，对其展开流动劳动力教育培训的风险评价，但考虑到原始数据中资源紧张系统的 6 个指数指标均存在量

纲，因此需要进行去量纲处理。本研究采用平均数比值法来去除资源紧张系统内的指数量纲，具体为 $a_i' = \frac{a_i}{\sum a_i/6}(i = 1,2,\cdots,6)$。其风险评价指标原始数据及去量纲数据整理后如表 8.1 所示。

**表 8.1　我国流动劳动力集中的城市风险评价指标体系数据**

| 指数层 | 指数 | 北京 | | 上海 | | 苏州 | | 杭州 | | 深圳 | |
|---|---|---|---|---|---|---|---|---|---|---|---|
| | | 原始 | 去量纲 | 原始 | 去量纲 | 原始 | 去量纲 | 原始 | 去量纲 | 原始 | 去量纲 |
| 中职教师总人口占比（万人/人） | $a_1$ | 0.200 | 0.732 | 0.296 | 1.084 | 0.172 | 0.629 | 0.142 | 0.521 | 0.556 | 2.035 |
| 中职学校配备人口比（万人/所） | $a_2$ | 17.496 | 0.542 | 27.258 | 0.845 | 26.525 | 0.822 | 14.333 | 0.444 | 75.750 | 2.347 |
| 高等教师总人口占比（万人/人） | $a_3$ | 0.032 | 0.326 | 0.060 | 0.611 | 0.094 | 0.959 | 0.032 | 0.327 | 0.272 | 2.778 |
| 高等学校配备人口比（万人/所） | $a_4$ | 24.180 | 0.473 | 35.676 | 0.699 | 50.524 | 0.989 | 23.763 | 0.465 | 121.200 | 2.373 |
| 每万人地方公共教育支出（亿元/万人） | $a_5$ | 0.34 | 1.327 | 0.29 | 1.103 | 0.19 | 0.740 | 0.20 | 0.779 | 0.27 | 1.050 |
| 每万人地方财政总支出（亿元/万人） | $a_6$ | 2.10 | 1.280 | 2.03 | 1.235 | 1.23 | 0.749 | 1.06 | 0.648 | 1.79 | 1.088 |
| 就业人数/人口总数 | $a_7$ | 0.35 | – | 0.30 | – | 0.30 | – | 0.32 | – | 0.38 | – |
| 失业人数/人口总数 | $a_8$ | 0.00 | – | 0.01 | – | 0.00 | – | 0.00 | – | 0.00 | – |
| 就业总人数/参加失业保险人数 | $a_9$ | 0.72 | – | 1.15 | – | 0.79 | – | 0.88 | – | 0.49 | – |

续表

| 指数层 | 指数 | 北京 | | 上海 | | 苏州 | | 杭州 | | 深圳 | |
|---|---|---|---|---|---|---|---|---|---|---|---|
| | | 原始 | 去量纲 | 原始 | 去量纲 | 原始 | 去量纲 | 原始 | 去量纲 | 原始 | 去量纲 |
| 人口增长速度/地方GDP增速 | $a_{10}$ | 0.93 | – | 0.52 | – | 0.40 | – | 0.46 | – | 1.41 | – |
| 流动人口增长速度 | $a_{11}$ | 0.03 | – | 0.01 | – | −0.25 | – | −0.56 | – | 0.14 | – |
| 就业工资/全国水平 | $a_{12}$ | 1.93 | – | 1.72 | – | 1.25 | – | 1.32 | – | 1.37 | – |
| 消费水平/全国水平 | $a_{13}$ | 2.48 | – | 2.97 | – | 1.61 | – | 2.33 | – | 2.23 | – |
| 居民消费支出占收入比值 | $a_{14}$ | 0.35 | – | 0.47 | – | 0.35 | – | 0.48 | – | 0.44 | – |

将上述数据代入公式（1）（2）（3），得到北京、上海、苏州、杭州及深圳等五市促进流动劳动力教育培训的风险评价系统内各具体指数值及风险评价系统总指数，如表8.2所示。

表8.2中关于地方政府促进流动劳动力教育培训的风险评价总指数结果显示，北京、上海、苏州和杭州四个城市为负值，而深圳总指数为正值〔1〕。按指数由高到低的排名依次为：深圳、苏州、杭州、上海、北京。而从风险评价体系分项系统指数来看，因流动劳动力大量涌入而导致该地方政府教育培训资源紧张的风险指数，北京、上海、苏州和杭州四个城市为负值，深圳为正值，按指数由高到低的排名依次为：深圳、苏州、杭州、上海、北京。地方政府投入教育培训后却导致流动劳动力失业的风险指数，上海、苏州和杭州为负值，北京和深圳为正值，按指数由高到低的排名依次为：深圳、北京、苏州、杭州、上海。流动劳动力接受流入地教育培训后却流失到别的城市的风险指数，五个城市均为正值，按指数由高到低的排名依次为：上海、杭州、深圳、北京、苏州。

---

〔1〕 本研究中，当风险评价总指数及各系统层指数为正值时，则认为该地区的风险为显性（+）；反之，则认为该地区的风险为隐性（−）。

表 8.2　我国流动劳动力集中城市教育培训风险评价结果

| 系统层 | | 指数层权数 | 向性 | 北京 | | 上海 | | 苏州 | | 杭州 | | 深圳 | |
|---|---|---|---|---|---|---|---|---|---|---|---|---|---|
| 资源紧张系统 $W_1 = 0.7306$ | $a_1$ | 0.096 | 100 | 5.115 | −45.22 | 7.577 | −27.52 | 4.394 | −9.66 | 3.642 | −22.45 | 14.221 | 19.15 |
| | $a_2$ | 0.096 | 100 | 3.789 | | 5.904 | | 5.745 | | 3.104 | | 16.407 | |
| | $a_3$ | 0.096 | 100 | 2.277 | | 4.272 | | 6.702 | | 2.284 | | 19.415 | |
| | $a_4$ | 0.096 | 100 | 3.310 | | 4.883 | | 6.915 | | 3.253 | | 16.589 | |
| | $a_5$ | 0.577 | −100 | −55.901 | | −46.473 | | −31.184 | | −32.798 | | −44.245 | |
| | $a_6$ | 0.041 | −100 | −3.814 | | −3.682 | | −2.231 | | −1.931 | | −3.242 | |
| 培训后失业系统 $W_2 = 0.1884$ | $a_7$ | 0.154 | 100 | 1.022 | 0.04 | 0.88 | −2.50 | 0.87 | −1.40 | 0.95 | −1.57 | 1.10 | 1.91 |
| | $a_8$ | 0.539 | 100 | 0.035 | | 0.11 | | 0.03 | | 0.05 | | 0.03 | |
| | $a_9$ | 0.206 | −100 | −2.774 | | −4.47 | | −3.05 | | −3.43 | | −1.89 | |
| | $a_{10}$ | 0.101 | 100 | 1.758 | | 0.98 | | 0.76 | | 0.87 | | 2.67 | |
| 人口流动系统 $W_3 = 0.081$ | $a_{11}$ | 0.155 | −100 | 0.00 | 3.797 | 0.00 | 4.59 | −0.00 | 3.03 | −0.01 | 4.39 | 0.00 | 3.51 |
| | $a_{12}$ | 0.063 | 100 | 0.984 | | 0.88 | | 0.64 | | 0.67 | | 0.70 | |
| | $a_{13}$ | 0.063 | 100 | 1.266 | | 1.51 | | 0.82 | | 1.19 | | 1.14 | |
| | $a_{14}$ | 0.719 | 100 | 2.026 | | 2.71 | | 2.03 | | 2.78 | | 2.57 | |
| 风险评价总指数 | | | | −41.39 | | −25.43 | | −8.03 | | −19.63 | | 24.57 | |

## 四、对地方政府控制二代流动劳动力教育培训风险的思考

为了对上述评价体系的结果展开进一步思考，本研究依据整个评价体系中指数的向性值，将每个指数指标分为“风险因素指标”和“抗风险因素指标”，即向性值为 +100 时，该指数指标为风险因素，反之为抗风险因素。由此得到北京、上海、苏州、杭州及深圳等五市的风险指数与抗风险指数情况，如图 8.2 所示。

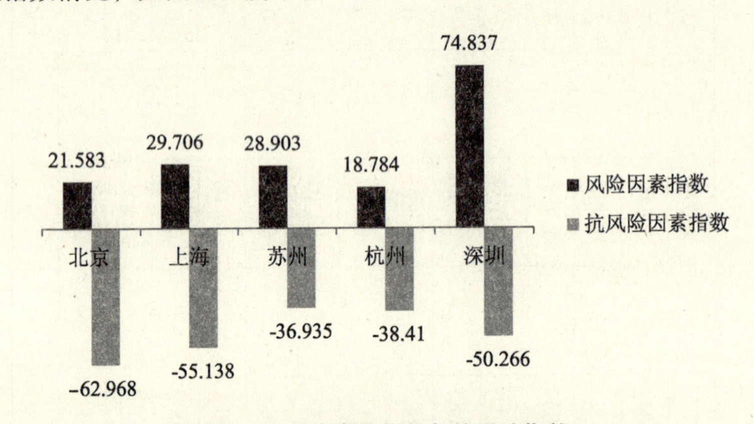


图 8.2　五市风险指数与抗风险指数

从图 8.2 中的风险因素指数来看，深圳最高，杭州最低；从抗风险因素指数来看，北京最高，苏州最低。再结合表 8.2 中综合评价结果可见，深圳呈现显性的流动劳动力培训风险是因为其风险因素，而北京呈现隐性且风险性最低的原因是其抗风险能力较强。基于此，本研究将从资源紧张、劳动力失业及劳动力流失三个系统层出发，思考如何控制二代流动劳动力教育培训的风险，具体的对策将从降低风险因素和提高抗风险能力两方面出发。

### （一）提升教育资源利用率、加大公共财政投入，降低社会资源紧张风险

部分学者认为，流动人口如在流入地能享受与本地居民同等的教育资源，势必会导致更多的外来人员涌入，造成本地教育资源的紧张，教育质量的降低。这也是地方政府在促进本地流动劳动力教育培训工作上最大的风险因素。正因为如此，很多人口集中的大城市如北京、上海等，通过各种政策和手段限制外来人口的流入，以保护本地居民的社会公共资源。但

是，依靠严格的限制人口流入手段来控制风险，有可能从另一方面增加了风险——即本地区原本所需的流动劳动力会因此而流失。所以，要控制流动劳动力的教育培训风险，其实应该探讨的是如何将所拥有的有限公共资源的效能最大化。

1. 运用各种手段提升教育资源的利用率，缓解教育资源紧张的状况

每个地区或城市所拥有的教育资源数量，特别是中高等优质教育资源，和多方面的因素相关，如地区的文化历史、地区的经济政治地位等。但是这些均是在短期内无法改变的，这也意味着一个城市和地区高等或职业教育培训的资源量是有限的。因此，要降低教育资源因人口增多而带来的风险，其见效较快的手段便是提升教育资源的利用率。目前，在我国无论是职业教育还是高等教育，从其招生至就业，从机构设立至人员编制，从管理运营至财政经费的使用等各个环节，一般均受到相关政府部门的监管或者制约，这与当前的市场经济格格不入，更不能适应我国“十三五”的经济“新常态”。因此，将教育资源推向市场，由市场来配置资源，不仅有利于优化和提升教育资源的质量，还能提高教育资源的利用率，进而降低教育资源紧张而产生的风险问题。

2. 政府公共财政投入还有待加大，以提升政府自身抗风险的能力

在欧美发达国家，政府公共财政投入教育的经费一般占该国家（地区）GDP总量的5%以上，但本研究中五个城市的公共财政对教育的投入水平（如表8.3）远没有达到发达国家的水平。

**表8.3　五个城市的公共财政对教育投入的情况**

| | 北京 | 上海 | 苏州 | 杭州 | 深圳 |
|---|---|---|---|---|---|
| 公共教育财政支出/亿元 | 742.1 | 695.5 | 204.1 | 182.7 | 330.8 |
| GDP总量/亿元 | 21 330.8 | 23 567.7 | 13 760.9 | 9 206.2 | 16 001.8 |
| 教育投入占GDP比重/% | 3.48 | 2.95 | 1.48 | 1.98 | 2.07 |

本研究中的五个城市均为我国经济发达城市，其GDP的排名位列我国前十，有的甚至赶超了发达国家的水平，这也就意味着我国地方政府对教育的财政投入有很大的提升空间。教育财政投入的增加，势必可以提高教育的质量和发展水平。在外来人口有规律增长的前提下，高质量、高发展水平的教育资源其自身容纳人口量的弹性较大，抗风险能力较强。

### （二）改革劳动力供给侧，完善社保系统，应对劳动力培训后的失业风险

1. 开展供给侧结构性改革，平衡劳动力供需，降低流动劳动力失业的比例

2015年十八届五中全会指出“要深化改革”“着力实施供给侧结构性改革”。其实，随着近年来我国经济转型、产业升级，社会发展中对劳动力的需求也发生了变化——从原本“量”的需求转向“质”的需求。企业对劳动力的需求开始追求劳动力的素质、劳动力的技能。流动劳动力在过去几十年时间里是我国经济发达地区建设的主力军，在未来也将是经济发展中劳动力供给主体。这一群体一旦失业，给城市带来的不仅仅是治安稳定问题，还将造成经济发展中所需劳动力短缺的问题。因此，政府必须着力劳动力供给侧的结构性改革，通过教育培训的手段提升流动劳动力的素质，满足地方经济中的人力需求，降低流动劳动力失业的可能性，也降低地方政府对流动劳动力投入的风险性。

2. 完善社会保障系统，提升政府应对二代流动劳动力失业风险的能力

如上文所述，地方政府促进二代流动劳动力培训的风险还可能来自对其培训后仍面临失业。一个地区或城市出现一定数量的失业人口，是属于社会经济发展中的自然现象，是不可避免的；但由失业人口引发的社会稳定问题，就是风险所在。而要解决这个风险问题，关键是要提高地方政府应对失业现象的抗风险能力，这种能力来自该地区的社会保障系统。当流动劳动力在流入地接受教育和培训后，如果暂时没有找到工作，也能通过当地的社会保障机制维持生活，并且能通过有效的途径尽快找到工作，实现就业。因此，一个地区因失业引发负面问题的风险性并不在于这个地区失业的人数，而在于没有参加失业保险的人数。若参加失业保险的人数占比越高，则一定程度上说明该地区的社会保障系统相对完善，其应对劳动力失业的抗风险能力越强。

### （三）注重人的发展，结合地方特色，控制教育培训后劳动力流失的风险

上述五个城市的规模、流动人口的比重及它们的风险评价指数的计算结果如表8.4所示。超大规模的城市如北京、上海，其风险排名却在深圳、苏州和杭州之后。对比这几个城市的GDP增速，深圳、苏州和杭州依然处于经济高速发展阶段，而北京、上海已进入经济“新常态”的中速

发展时期。

**表 8.4　2014 年五市人口数量、流动人口占比及 GDP 增速情况**

| | 北京 | 上海 | 苏州 | 杭州 | 深圳 |
|---|---|---|---|---|---|
| 地方人口总数/万人 | 2 152 | 2 426 | 1 061 | 903 | 1 212 |
| 流动人口数占人口总数的比例/% | 38.04 | 40.70 | 37.13 | 19.87 | 70.71 |
| GDP 环比增速/% | 5.2 | 6.0 | 7.5 | 9.1 | 8.9 |
| 风险总指数排名 | 5 | 4 | 2 | 3 | 1 |

有学者曾指出，高速的经济发展如果忽视人的发展，忽视劳动力的自身需求，这个地区的社会将存在潜在的风险。借鉴企业应对员工流失的措施，注重员工自身的发展，培养员工服务特定企业的技能将能有效控制劳动力的流失。因此，以下两个措施将有效控制流动劳动力流失的风险。

*1. 经济发展应与人的发展相协调，降低二代流动劳动力流失的风险*

自国务院、发改委等明确指出我国已进入经济“新常态”时期后，进一步强调在发展经济的同时，更应注重人的发展。经济建设的本质是要促进全人类发展，而人类发展水平的高低，是一个国家（地区）发展水平的典型表现。如果一个地区在经济建设中更关注人的发展，在该地区生活和工作的人们（包括流动人口）能享受到较高的生活质量，那么他们自然不愿意轻易离开这个地区。因此，地方政府不应去担心对流动劳动力教育培训后他们会转迁其他地区，而应该将打造有利于流动劳动力在该地区生活、发展的社会环境，重视流动劳动力自身的发展，该地区流动劳动力流失的风险自然也会降到最低。

*2. 将对二代流动劳动力的教育培训与地方经济特色相结合，控制劳动力流失的风险*

地方政府促进二代流动劳动力教育培训之后，劳动力却因为该地区的生活成本或个人发展等原因转迁别的地区，造成了流动劳动力流失的风险。但是，如果地方政府对流动劳动力的教育培训是围绕本地特色产业、特色经济发展所需展开的，那么这些劳动力可以满足地方经济发展的需求，其在别的地区或城市再就业的可能性就大大降低，他们一旦出现要迁移的想法，也会考虑自身劳动力再培训的个人投入问题。因此，将地方特色经济的劳动力需求融入流动劳动力的教育培训，是有效控制其流失风险的手段。

# 第九章

# 城市流动人口随迁子女教育改革中的财政问题

后“普九”时代，推进城市流动人口随迁子女与城市居民子女的教育权平等化的进程，“逐步实现基本公共服务均等化”，保证包括城市流动人口随迁子女在内的所有城乡孩子都能公平接受教育，就必须构建起符合我国国情的公共义务教育财政体制。

## 一、城市流动人口随迁子女教育的财政投入现状

从中央到地方，各级政府目前对流动人口随迁子女教育经费或多或少地均有一定的财政投入。但纵观各类文献，由于义务阶段和后义务阶段的教育性质不同，对随迁子女教育的财政投入问题的探讨也是分阶段展开的。

### （一）义务阶段各方政府的财政投入现状

1. 中央政府

面对流动人口随迁子女教育问题，中央政府早期处于被动应对的局面，随着问题愈演愈烈，随后出台了一系列的政策，其中影响最大的即后来被多次提及的“两为主”政策（以流入地政府管理为主，以全日制公办中小学为主）。2008 年，财政部、教育部共同发布了《进城务工农民工随迁子女接受义务教育中央财政奖励实施暂行办法》，对地方政府加大随迁子女义务阶段教育经费的财政投入起到了一定积极的促进作用。但是，该政策的出台依然存在诸多弊端。2015 年，《国务院关于进一步完善城乡义务教育经费保障机制的通知》正式宣布“取消对城市义务教育免除学杂

费和进城务工人员随迁子女接受义务教育的中央奖补政策”，代之以“钱随人走”的新政策，流动人口随迁子女将携带“两免一补”和生均公用经费基准定额资金从农村到城市。其中，免费教科书资金及国家规定课程由中央全额承担，落实生均公用经费基准定额所需资金也是由中央和地方按比例分担的。这一新规定实际相当于中央政府已经以分项目的方式承担了农民工随迁子女的部分教育经费。

2. 流入地政府

流入地政府原本只对拥有本地户籍的适龄儿童提供义务教育的责任，而面对非本地户籍的流动人口随迁子女普遍缺乏应有的制度弹性和财政资源，难以将这部分群体纳入公共服务范围之内。然而，2001 年国务院发布的《关于基础教育改革与发展的决定》强调：要重视解决流动人口子女接受义务教育问题，以流入地区政府管理为主，以全日制公办中小学为主，采取多种形式，依法保障流动人口子女接受义务教育的权利，即“两为主”政策。2006 年的《义务教育法》再次重申了流入地政府的财政责任。无论流入地政府的财政意愿和财政能力如何，这一财政责任都难以推卸。进一步细分各级流入地政府会发现：省级和地级市政府在其中并没有发挥实质的作用，最终的经费责任基本还是落在区县一级政府身上。

3. 流出地政府

对于流出地政府而言，城市流动务工人员将子女携带至外地，意味着自动放弃了本地的义务教育服务，原则上不再负有任何责任。而且，大部分流出地都属于经济欠发达地区，地方财政并不宽裕，对于他们的退出并没有太多争议。2015 年，国务院《关于进一步完善城乡义务教育经费保障机制的通知》中提出：“两免一补”和生均公用经费基准定额资金随学生流动可携带。这意味着，流出地政府重新成为农民工随迁子女义务教育财政的分担主体之一，即需要负担起一部分的经费，具体分为两个部分：一部分属于“两免一补”中对家庭经济困难寄宿生的生活费补助；另一部分属于生均公用经费基准定额。其中，对家庭经济困难寄宿生的生活费补助流入地政府仅需负责 50%，其余 50% 由中央财政负担。此外，生均公用经费基准定额也由中央和地方按比例分担，西部地区及中部地区比照实施西部大开发政策的县（市、区）为 8：2，中部其他地区为 6：4，东部地区为 5：5。尽管中央财政在欠发达地区占了大头，但流出地政府对于农民工随迁子女的义务教育财政责任也是十分明确的，并没有随着这部分学生的流出而消解掉。

当然目前综合来看，从中央到地方，从流出地到流入地，各方政府主体都负有一定的财政责任，初步形成了以流入地区县级政府为主、各责任主体分担的财政机制。然而，农民工随迁子女义务教育需求与供给之间依然存在着巨大的财政缺口。这个缺口究竟该由谁来填补，现有的分担机制并不能给出令人满意的答案，尤其是被视为主要责任主体的流入地区县级政府，在解决这一问题方面既缺乏足够的激励政策，又缺乏足够的财政资源。换言之，多主体负责制最终变成无主体负责，没有哪个主体被确定为最终责任主体。

### （二）后义务阶段政府财政投入现状

进入后义务阶段的流动人口随迁子女，是我国新生代劳动力的重要组成群体，也是流入地地方政府不可或缺的现代劳动力来源群体。因此，对于后义务阶段的随迁子女而言，他们的教育经费更多的是来自流入地政府的财政支出。长期以来，我国新生代劳动力的职业教育和培训经费除劳动者个人或用人单位支付外，主要来自各级政府的专项财政拨款，但是这部分经费在职业教育经费中所占的比例极小。而每年包括随迁子女在内的千万城市外来劳动力需要职业方面的培训和教育，国家的职业教育和培训的财政支出相比于这一类群体的需求可以说是杯水车薪。基于成本考虑，加上流动劳动力的流动性比较大，用人单位在该项目上的投入也是极为有限的。此外，流动劳动力原本收入水平较低，承担高昂的职业培训经费对他们来说是比较困难的。即使有人愿意并能够承担这笔经费，但如果参与培训后却无法找到工作，失去经济来源，生活的温饱都会成为问题。本研究在访谈中也发现，随迁子女在后义务阶段，从事的职业多种多样，但他们参加一项短期培训的费用一般需要几百到几千元，并且还要负担可能发生的住宿费、误工费、交通费等一系列其他费用。如果所接受培训和教育的内容要进行职业技能鉴定，那么还需要支付额外的技能鉴定费。国家财政经费投入不足，导致随迁子女对职业培训望而却步，进而影响其职业选择与就业质量。

新生代劳动力的职业教育培训经费一直被公认为投入力度不足、长期短缺。2014 年 3 月 16 日，中共中央、国务院颁布《国家新型城镇化规划（2014—2020 年）》，提出要继续加强对农民工的培训，政府要给农民工技能培训提供补贴。这项政策的出台，使得经历了十多年的城市流动人口非义务教育培训经费的问题已进入“深化改革期”。各级政府依据中央的改革精神，也在不断深入研究，出台各类政策。

### （三）政府财政投入的困境

理论上讲，城市流动人口随迁子女接受教育所需的财政性教育经费的分担方式有三种。第一种形式是单独由流出地政府负担财政性教育经费。

第二种形式是单独由流入地政府负担财政性教育经费。第三种形式是由流出地政府和流入地政府共同负担财政性教育经费。

由于随迁子女已经从农村迁移到城市，采用第一种形式会出现教育财权和事权不匹配的情况，即流出地政府完全进行教育财政性经费投入，但是流出的随迁子女却不在流出地学校就读，出现流出地政府有教育财权而无教育事权的情形。由于学生已经不在流出地就读，让流出地政府全额负担教育经费的理由不充分。现实情况是，由于流动人口随迁子女已经随父母迁移到城市，特别是义务阶段的教育，流出地政府只按照实际入学人数拨款，没有为这些流出的学生拨付相应的教育经费。

第二种形式从理论上说，如果全部流动人口随迁子女今后完全在城市居住、生活、学习和工作，将来完全成为新一代城市居民，其发展与城市的命运息息相关，城市成为这些随迁子女接受教育的直接受益者，且城市作为经济发达的地区，其财力较为雄厚，进行教育投资的能力较强，那么由其单独拨付流动人口随迁子女就读流入地学校所需的教育财政性经费，是合乎谁受益谁投资、谁有财力谁投资的投资原则的。但是，如果这些流动人口随迁子女在义务教育阶段因父母从城市返回农村而不继续在城市学校就读，且这类人为数不少，那么会对城市教育学校布局、设施和师资的配备和利用产生不利影响。在流动人口随迁子女快速增加的情况下，流入地政府为满足随迁子女义务教育而拨付的财政性教育经费会迅速增加，在财力紧张的情况下会陷入窘境、难以应付。在大量流动人口随迁子女进入城市后，流出地政府普遍表现出推卸责任、淡化职责分担的现象。由于流出地通常是经济不发达地区，对于迁移出去的学生，流出地政府不愿意承担任何教育费用。客观上讲，在很多情况下，流入地政府已成为城市流动人口随迁子女教育费用的首要承担者。

采用第三种形式的一个必要的前提条件是流动人口随迁子女在城市学校就读，接受教育后，特别是完成义务阶段的教育后，分别有一部分人居住和生活在流出地和流入地，对于流出地政府和流入地政府都有益。对流出地政府的可能的好处之一，是流动人口随迁子女将来会回到流出地就业和发展，能给流出地经济社会发展带来益处。对流入地政府而言，不少随迁子女将来就在城市就业和发展，成为真正的新一代市民。在城市接受良好的教育，对于城市今后的发展会带来很大的好处。从谁受益谁投资的角度看，流出地政府和流入地政府理应各自进行财政资助。从流出地政府和流入地政府都有相应的财政收入的角度看，他们都有能力进行教育财政投入。依据谁有财力谁投资的原则，流出地政府和流入地政府都应该为流动人口随迁女的教育进行财政投入。流出地政府和流入地政府共同进行教育财政投入的一个好处是共同投资的总体财力强于单独一方投资的财力。

## 二、城市流动人口随迁子女教育财政困境的原因分析

### （一）义务阶段的困境原因

1. 义务教育的属地特征

义务教育是公共产品，但主要是地方性公共产品，而非全国性公共产品。由地方政府负责提供义务教育是大多数国家的通常做法，但完全由基层政府提供又难以保证全国范围内义务教育公平正义目标的实现。城市流动人口随迁子女义务教育既可实施属地化管理，也可实行非属地化管理。属地化管理是指对于政府所需要管理的人和事，依从这些人和事所归属的地方进行政府管理的一种制度，即事情发生在什么管辖区域内，就归该管辖区域管理的一种制度。属地化管理规定了政府的属地管理责任，实现事权和财权在属地的统一。一般说来，单纯的地方事务适合实行属地化管理办法。非属地化管理是指对于政府所需要管理的人和事，不严格划定管辖区域，由事情发生地以外的政府部门加以管理。一般说来，公共事务一般归属中央政府或其他较高层级的政府管理。义务教育是否实行属地化管理，涉及适龄儿童和少年义务教育归哪几级政府管及怎么管理的问题。改革开放以来，我国形成了基础教育地方负责、分级管理体制，逐步确立和完善义务教育属地化管理的基本原则。1985 年，中共中央颁布的《关于教育体制改革的决定》指出："实行九年义务教育，实行基础教育由地方负责、分级管理的原则。"地方负责实质上是指哪个地方开办的学校就归哪个地方政府管理。从学生的角度看，即哪个地方的学生由哪个地方的政府提供义务教育资源，包括开办学校和进行教育教学日常管理。分级管理是指实行省、县、乡三级政府管理，乡政府成为义务教育学校的主要开办者，管理重心明显下移。2006 年新修订的《中华人民共和国义务教育法》再次明确了义务教育的属地化管理，即农村地区由学龄儿童和少年的户籍所在地的县级政府，城市由户籍所在地的区政府或者市政府，分别负责提供义务教育公共产品。

义务教育属地化管理的核心是依据所在地人口的户籍身份，确定义务教育适龄人口接受义务教育方面的管理责任。依据户籍人口管理相关政策，县级人民政府对于本地户籍人口的子女，需要全力保障其义务教育基本权利；而对于没有本地户籍的流动人口随迁子女则没有清晰的、一致的法定责任来确保这些人员的义务教育基本权利。在实行严格的属地化管理

的原则下，由于受户籍制度的限制，部分流动人口及其随迁子女未能获得流入地城市居民户籍。我国义务教育实行的是依据户籍确定学籍的措施，即一旦离开户籍所在地，其义务教育权利的制度性保障也就随之丧失，流动人口随迁子女在流入地就成为弱势群体。由于财政部门和教育部门实行与户籍人口相捆绑的教育经费拨付方式，流动人口随迁子女即便进入学校就读，也没有办法获得所在城市政府给予的法定义务教育财政拨款。从管理开放度提升的角度看，属地化管理是一种相对封闭的管理方式，而非属地化管理则是一种相对开放的管理方式。在人口大规模流动的背景下，过于分权的属地管理无力协调属地以外的教育事务，对流动人口的管理显得僵化而缺乏弹性。而在实行非属地化管理的原则下，地方政府对在本地居住、生活的义务教育适龄儿童和少年，不论其是否具有本地户籍，都负有提供义务教育的责任。非属地化管理原则上淡化了户籍对于财政性教育经费拨付和进入公办学校就读的制度性限制，为政府实现城市居民和流动人口随迁子女的平等教育权提供了综合保障。

2. 公办、民办学校的教育体制区别

义务教育作为地方性公共产品，主要通过开办公办学校来提供，但是在流动人口随迁子女人数激增的情况下，开办民办学校，并且加大政府对民办学校的资助力度，也不失为一种增加入学机会的有效办法。随迁子女关心的两大入学问题是：谁来开办学校？他们能否自主选择学校？义务教育是国家统一实施的所有适龄儿童、少年必须接受的教育，是国家必须予以保障的公益性事业。义务教育的核心原则有三个，即强迫、免费、普及。政府若要强迫学生入学，则政府自身必须单独承担开办公办学校的责任，使得每一个义务教育适龄儿童、少年都能有机会进入公办学校就读，否则政府强迫他们入学的理由就不充分。但是，提供义务教育产品的学校，既可以是公办学校，也可以是民办学校。开办公办学校，让所有适龄儿童、少年进入学校就读是政府的法定责任。而是否进入民办学校就读是适龄儿童、少年自觉自愿的选择。如果家长和孩子觉得进入公办学校就读不是最佳的选择，他们可以自由地选择进入民办学校就读。

对于流动人口随迁子女来说，他们所就读的学校应该由谁来开办呢？是由政府开办还是由社会团体开办？从充分保障义务教育权利平等的角度看，政府无疑应当承担起这种法定的开办公办学校的职责。如果随迁子女想进入城市公办学校就读，却没有办法进入这类学校就读，那么政府在一定意义上是失责的。只有在流动人口随迁子女主动放弃进入公办学校就读的机会，自愿选择进入城市现有的民办学校就读的情况下，政府才被视为不失责。总的说来，在城市中，优质教育资源在公办学校和民办学校中的分布是不均衡的。一般情况下，与民办学校相比，公办学校集聚了较多的优质教育资源。政府有责任促进义务教育均衡发展，使优质教育资源更为均衡地分布在不同区域，使得流动人口随迁子女也能公平地享用优质教育资源。在政府财力充裕、师资充裕的情况下，政府有能力开办数量足够多的公办学校，接纳所有流动人口随迁子女在公办学校就读。但是，在财力紧张及其他资源不敷使用的情况下，政府可以鼓励社会团体开办民办学校，并且对这些学校进行财政资助，保证这些学校符合法律政策规定的办学标准。不管怎样，政府都必须全力满足所有义务教育适龄儿童、少年的入学需求。

### （二）后义务阶段的困境原因

由于流动人口随迁子女的流动性给其受教育的范围、时间及空间带来了不确定性，因此对流入地政府而言，放开随迁子女教育财政经费的投入是具有风险的；而随迁子女返乡意愿的比例偏低，也使得流出地政府对于这部分财政支出的积极性不高。此外，在随迁子女义务教育财政经费投入方面，流入地政府与横向的相邻政府之间存在不对称的博弈关系，有时会出现“劣币驱逐良币”的现象，这会对流动人口随迁子女后义务阶段教育培训经费的投入产生不利影响。不同地区都存在数量不等的流动人口随迁子女，这些地区的政府对于随迁子女后义务教育培训的财政经费投入的努力程度是不同的。对于相邻的县级政府来说，如果双方都能从全局出发，尽最大努力进行流动劳动力的教育培训财政经费投入，则总体投入会最大化。如果双方全力解决好包括随迁子女在内的流动劳动力的后义务教育问题的话，那么各自均可以获得很高的社会经济效益和人民群众对教育的满意度。各自区域所承担的随迁子女的数量会依据人口、经济和教育的状况形成一定的分布状态。但是，如果一个地方政府不愿进行充足的财政性教育培训经费的投入，那么包括随迁子女在内的新生代流动劳动力所接受的教育培训质量就会打折扣，效果也欠佳，这个地方对新生代流动劳动力就缺乏吸引力，他们离开这个地方到其他城市接受公共教育培训的可能性就增大，成为其他地的主力劳动力；而另一个地方政府给予充足的教育财政性经费投入，流动劳动力教育数量足够、质量高，该地方对他们的吸引力越来越大，接受教育的人数就会越来越多，所需支付的义务教育财政性经费也越来越多。久而久之，上述两个地方政府都处于一种两难境地：一方面，如果不加大培训经费投入，就得不到充足的城市建设发展中的劳动力，使得城市发展水平不如周边其他地区；另一方面，如果加大本地流动劳动力的教育培训经费投入，财政风险和负担依然存在，其支付能力也不

如周边地区。从长远来看会形成恶性循环，不利于这些地方的经济发展。

## 三、城市流动人口随迁子女教育财政改革的路径思考

### （一）实现财政资助供求平衡

1. 构建流动人口随迁子女的教育信息管理体系

通过加强对流动人口随迁子女的信息管理，以确定中央政府和地方政府需要进行义务教育财政拨款的学生数量。利用统计局、公安局、卫生和计划生育委员会等部门的人口统计数据，结合抽样调查、典型调查和其他调查手段，精确地掌握不同城市流动人口随迁子女的数量和结构的数据，建成各个城市乃至全国联网的流动人口随迁子女的教育信息管理体系。依据这一教育信息管理体系对流动人口随迁子女是否符合城市公办学校的招生条件进行审查，并在审查的基础上核定给予财政拨款的学生数量。公安部门在对流动人口随迁子女人数进行统计时，扩大统计口径，将16周岁以下的儿童、少年全部纳入统计范围，起到对流动人口随迁子女数量与结构进行动态监控的作用。

2. 制订综合考虑本地适龄人口和流动人口随迁子女的教育总体规划

流入地政府的教育经费投入对象主要是本地适龄人口和随迁子女，因此需要综合规划，尤其是进行义务教育阶段学校布局和财政投入的专项规划。对所需的义务教育投资进行具体测算，并分解和落实到各级政府的财政经费渠道上。既要分析未来五年甚至十年包括城市本地户籍适龄人口和流动人口随迁子女在内的基本义务教育投资需求，又要进行城市经济发展的预测和分析，估算今后五年甚至十年的义务教育经费供给能力，以便综合考察义务教育投资的供求平衡状况，提出弥补义务教育经费缺口的具体措施。确定各个城市义务教育办学基本标准和经费投入基本标准，制定并逐步提高城市义务教育阶段学校生均经常性经费基本标准和生均公用经费基本标准。

3. 进一步理顺中央政府和地方政府的权责利关系

将中央政府与地方政府的分权体制作为我国的一项基本的政治制度和行政制度，以法律的形式规定下来。在中央政府和地方政府事权明确划分的基础上，完善分税制，合理确定中央政府和地方政府的财政支出范围。进一步完善政府间利益分享机制，既要体现中央全局利益的统一性，又要兼顾地方利益的灵活性。在流动人口随迁子女义务教育财政投入方面，进一步完善中央政府和地方政府的事权和财权的划分方式，提高中央和省级政府的一般转移支付所占的比例，对随迁子女按照其实际接受教育的地点

给予财政转移支付，通过一般性转移支付来加强地方政府与其属地居民的利益联系，促使流动人口随迁子女义务教育全面纳入我国财政体制范围。中央政府设立随迁子女义务教育财政转移支付的专项基金，对流动人口随迁子女高度集中的城市按照其接受义务教育的人数折算后给予专项补助。中央政府和省级政府应该划分随迁子女人数占全部义务教育适龄儿童、少年的比例的不同档次，按照一定级差进行补助。建立和完善流入地政府的市、区级的责任分工制。对于家庭的住宅区与父母的工作区不一致的随迁子女的义务教育，采取由父母居住地所在的区级政府负担费用的办法。

**（二）平衡流入地与流出地政府权益**

针对流入地政府和流出地政府间义务教育财政责任分担不均导致的资助供求失衡的问题，建议采取如下措施：（1）完善流出地政府和流入地政府的信息沟通机制。在流出地政府和流入地政府之间建立常态化信息沟通渠道，及时公布用工需求信息，对流动人口的流动进行引导，掌握流动人口的流动规律，掌握随迁子女的详细教育信息，及时通报相关信息。（2）建立流出地政府减轻流入地政府义务教育经费负担的新机制。改变只由流入地政府负担经费的做法，流出地政府可以通过财政转移支付和异地资助办学的手段减轻流入地政府的财政性教育经费支出的负担。（3）建立和完善流入地政府的义务教育工作考核机制，将随迁子女义务教育纳入政府绩效考核范围，采取奖优罚劣的措施。对于随迁子女义务教育搞得好的城市，由上级政府给予奖励性经费资助。

**（三）平衡不同流入地政府权益**

针对流入地政府与横向的相邻政府之间的教育财政投入责任分担不均导致的资助供求失衡，建议采取如下措施：（1）流入地政府和横向的相邻政府在应对和解决新生代劳动力教育培训问题的过程中，应通过建立协作关系，共同有效地提高行政效率，提高公共服务质量，防止打着“社会目标、公共利益、公共福利”等口号为本部门谋求利益的不当行为，努力改变部分城市出现的对外来劳动力教育培训的“洼地现象”。（2）在流动人口随迁子女高度密集的地方，其流入地政府可以成立专门的领导协调小组，加强对随迁子女入学工作的管理。各个地区在政府的统一领导下，不同部门密切配合，齐抓共管，将随迁子女的义务教育作为综合管理的重点问题，多层次多渠道地加以解决。

## （四）对相关企业实行税收优惠

税收是政府为了满足其日常开支和社会公共福利的需要，遵照一定的法律程序，凭借其政治权力强制、固定、无偿获取财政收入的一种财政分配形式。税收既是国家财政收入的重要来源，也是调节社会经济发展的重要工具。《2003—2010年全国农民工培训规划》明确规定：用人单位负有培训本单位所用农民工的责任。用人单位开展农民工培训所需经费从职工培训经费中列支，职工培训经费按职工工资总额的1.5%比例提取，计入成本在税前列支。企业有义务向国家缴纳税收，政府制定了要求企业对包含随迁子女在内的新生代劳动力履行培训义务的政策以后，可以利用税收的杠杆根据不同企业履行培训义务的情况对企业进行奖惩。如政府可以对履行新生代劳动力培训义务的企业进行税收优惠甚至免税，对没有条件或者拒不履行义务的企业开征培训税。

## （五）设立农民工培训专项基金

在流动人口随迁子女后义务阶段教育培训供给缺乏的情况下，除了传统的财税政策支持以外，我们可以设立培训专项基金。新生代劳动力培训基金的设计框架如下：资金来源、管理体制、资金使用管理、监督审计管理。

1. 资金来源

农民工培训专项基金的来源有中央政府、地方政府、用人单位、农民工个人和社会捐赠。首先，中央财政在总预算中按固定比例提取，出资建立专项农民工培训基金，专门用于农民工培训的直接拨付和对地方的专项财政转移支付。其次，鉴于我国各省份之间经济发展程度差异较大，中央政府应以行政命令的方式要求各省按照其财政能力提取固定比例的财政收入作为农民工培训基金。再次，对于用人单位特别是企业，政府应该采取积极引导和行政监督相结合的方式筹措资金，即对按照国家要求进行农民工培训或者缴纳相应的培训费用的企业在财政和税收上给予相应的支持和奖励，反之，给予行政处罚。最后，积极鼓励慈善机构的介入和社会捐赠，严格和透明使用捐赠资金。

2. 建立基金账户和基金管理委员会

由中央政府设立诸如中央农民工工作领导小组，对农民工教育基金进行统一、专门管理和使用，保证培训基金的正常使用和保值增值。

3. 培训基金账户的资金主要用于新生代劳动力的培训

对于满16周岁、符合新生代劳动力的个体展开职业技能培训，按照资金到项目的原则，地方政府设立相应的教育专门部门，提出具体的教育项目，提出资金申请报告，获得资金的使用权。

4. 对培训基金的管理与使用应加强财政审计制度

首先，在基金会章程制定上严格规定各项程序，做到组织结构严密，权力之间相互制衡；其次，审计署等部门应该积极驻入基金会，各级审计和纪律部门严格督查，保障农民工培训基金真正做到专款专用，使其发挥应有的经济效益和社会效益。

# 第十章

# 城市流动人口随迁子女教育问题的思考

## 一、城市流动人口随迁子女义务阶段教育问题的思考

### （一）城市流动人口随迁子女义务阶段教育问题的解决思路

目前，从学术界和政府部门的研究来看，流动人口随迁子女义务阶段的教育问题是一项社会工程，涉及现行的户籍管理制度、“城乡二元”体制、财政投入制度、学校收费制度、民办教育制度等不同方面，需要社会各相关部门的参与和努力，绝不是一个部门能够解决的。因此，流动人口随迁子女的义务教育问题要彻底解决，归根结底落实在体制改革上。

本研究中，我们也了解了流动人口对其随迁子女义务教育的诉求，首先，主要集中在实现教育公平的问题上，尤其是入学“歧视性”的规定，全面实现义务教育的全免费，减轻家庭的经济负担。其次，希望获得政府的扶持，加大经费投入，实现社会资源共享。再者，希望当地政府能关注随迁子女后义务阶段的发展。

因此，在现行体制不变的情况下，如何充分利用已有的资源，通过教师、家长和学生这三个群体的社会活动最大限度地实现学校教育的价值，让更多的流动人口随迁子女不仅仅是同等的有学可上，而且是可以接受同等的教育，这才是我们研究的重点。对此，我们整理出了随迁子女教育问题的解决思路，如表 10.1 所示。

表 10.1　随迁子女教育问题的解决思路

| 调查方面 | 整体现状 | 学生 | 家长 | 教师 |
| --- | --- | --- | --- | --- |
| 具体问题 | 需求量大<br>经费缺失 | 个性内向<br>适应性差<br>打工多<br>兴趣爱好少 | 家庭教育不健全<br>文化程度低<br>升学期望高<br>家庭收入偏低 | 学历水平低<br>稳定性差 |
| 现行体制不足（针对整体现状） | 1. 教育经费投入不到位<br>2. 入学门槛的不公平待遇 | | | |
| 诉求 | 1. 教育公平<br>2. 资源共享，加大经费投入<br>3. 求发展 | | | |
| 对策建议 | 1. 联合办学<br>2. 共享社会各界的教育资源<br>3. 后义务阶段的职业教育 | | | |

### （二）城市流动人口随迁子女义务阶段教育问题的对策建议

1. 打造“公办—民工”学校义务教育的办学联合体

所谓“办学联合体”，是指两个或两个以上独立的办学单位，通过资源共享，以协议或契约形式集合而成的组织结构相对松散的办学机构。苏州市教育部门曾在2006年就提出对民工子弟学校实施资源共享，打造办学联合体。但截至2015年，经全面评估，有73所学校被认定为办学条件合格的民工子弟学校，约有70所学校未能达标。这些未达标的学校，往往存在校容条件差、生均占地面积小和班级容量大等硬件设施问题；同时，在软件上，校方管理、教师资质及办学经验等方面也远远落后于标准。

因此，本研究组认为，要打造“公办—民工”学校义务教育办学联合体，可以首先从目前在流入地办学条件未能达标的学校入手，将公办学校的教学资源共享，提高民工学校的软硬件办学水平。

（1）硬件衔接。

一方面，由于民工子弟学校办学经费不足，也很难得到社会及政府的扶持和资助，导致目前很多流入地城市有将近一半的流动人口随迁子女的教育质量达不到最低标准，其教育环境令人担忧。而另一方面，一些流入地城市近年来新建、改建了大批公办学校，其教学设备及校舍条件均达到全国先进水平。为了提升公办学校未来的发展空间，很多学校在建造或者改造校舍时，都规划了二期或者三期，如将这一部分闲置资源整合到目前办学条件未能达标的民工子弟学校，通过政府扶持、社会公益机构资助，以较低价格的租赁形式或者其他协议形式，供这些民工子弟学校使用，将能极大地改善他们办学的硬件设施。此外，附近的公办学校可以免费为民工子弟学校学生开放图书馆、实验室、运动场，进而为提升民工子弟学校办学创造便利条件。

（2）软件衔接。

① 教师支教：不达标的民工子弟学校，除了办学环境令人担忧外，其教育管理水平也偏低，正如我们所调查的教师群体，其学历水平也普遍偏低。因为公办学校的教师收入稳定，有保障，十多年来，大批大学毕业生都加入这支队伍中来，经过多年的培养和建设，在流入地城市很多公办学校的教师队伍的学历、职称及学科均达到了理想的状态，但由于本地出生人口的下降，几乎很多公办学校每年都会出现一定的“富余”劳动力，而这一部分教师正是民工子弟学校所渴求的。因此，在与民工子弟学校共享硬件资源的同时，可以按就近原则，再共享软件资源。公办学校每年可以向对接的民工子弟学校委派骨干教师，参与民工子女的教学，同时对民工子弟学校的教师进行培训，交流先进教育理念和管理手段，以提升民工子弟学校的办学质量。当然，联合办学体的两所学校，也应为这部分教师创造一定的激励机制，如双方均对“支援教师”建立在岗工资收入报酬体系，实施双薪制；设置荣誉奖励，实施精神层面激励等，以此来调动公办学校教师对口支援就近民工子弟学校的积极性。

② 学校管理：一方面，加强对校长的培训。教育部门可以邀请民工子弟学校的校长进行座谈，交流学校管理的理念、经验、规范等，引导校长们从办学以营利为目的向教育是百年树人的认识高度上转变，在搞好教育的前提下搞活教育，在做好教育的基础上走向市场。另一方面，加大监控教学质量的力度。公办学校帮助联合办学的民工子弟学校加强教学常规管理，建立规范的教学秩序，两所学校的教务部门每学期期末，可统一命题，统一测试，统一阅卷，统一计分，对民工子女进行统测，确保教育质量。

2. 打造流动人口随迁子女教育的各类社会资源共享平台

（1）流动人口随迁子女的社会资源平台。

在调查过程中，我们发现很多流动人口随迁子女，特别是在民工子弟学校就读的学生，兴趣爱好、课外活动等状况不理想。探究其原因，首先，在一些流入地城市建立的大部分青少年活动场所及机构，收费较高，均以面向拥有本地户籍的学生为主。以苏州市为例，如姑苏区、园区、新区及相城区、吴中区的少年宫、青少年活动中心、文化宫等，甚至包括各类社区。其次，我们还发现，随迁子女个性偏内向的较多，当遇到心事或者困难的时候，其寻求帮助和倾诉的对象也十分有限。而实际上，苏州在2006年已创办了“未成年人健康指导教育中心”，旨在研究和解决青少年的健康成长与教育问题。但从该机构近几年来举办活动的类型来看，有面向各类公办学校的，有走进企业指导家长的，还有进入福利院帮助孤儿的，唯独没有进入民工子弟学校，似乎这类群体已被他们遗忘。而对民工子弟学校的学生来说，几乎很少有人知道当成长过程中遇到困惑和疑难的时候，可以寻求社会相关机构的帮助。除此之外，从近几年苏州各类社会捐助的情况来看，特别针对流动人口随迁子女的比例仅占极少的一部分。流动人口随迁子女接受义务教育的相关经费和物资，一直以来也是该群体的教师、家长，甚至包括学生本人所需担心的问题。

因此，在流入地城市，要解决流动人口随迁子女的教育公平问题，就需要将各类社会教育资源真正共享于这部分群体。当地的各家少年宫、青少年活动中心，还包括一些面向青少年的心理健康咨询机构，应该主动走进民工子弟学校，向他们宣传，引起随迁子女的关注；定期举办各类面向流动人口随迁子女的公益活动，将服务流动人口随迁子女作为常态化管理内容，丰富他们的业余生活，培养他们的兴趣爱好。当然，政府部门也可以将“是否服务流动人口随迁子女”纳入各类社会机构的评价指标。同时建立针对在苏流动人口随迁子女的社会捐助机制，主要可集中在课外图书、学习用品及衣服等方面，从一定程度上减轻流动人口随迁子女入学及生活的经济负担。此外，流入地政府相关职能机构，还可以考虑对未成年流动人口随迁子女“外出打工”进行规范化管理，以保障他们的身体及心理健康和安全。

（2）随迁子女家长的资源平台。

我们调查发现，在外打工的流动人口职业变动性较大，从事的大多是苦脏累的工作，以车间工居多，85%的家庭没有稳定住所，经济拮据，家庭教育环境较差。与此相对应的是这些家庭中尚处在义务教育阶段的孩子经常打工的比例很高，能参加课外兴趣班的比例仅为26%。我们还发现，流动人口对其随迁子女的期望值普遍较高，但很多随迁子女家长的学历层次偏低，从事的职业大部分是以体力劳动为主的操作性工种。对这部分家长群体来说，当遇到孩子的教育问题时，他们往往不知所措，或者以传统的暴力手段解决；他们没有现代家庭教育的理念，也不懂得如何与自己的孩子沟通交流，更不清楚亲子关系的重要性。以苏州市为例，该市于2005年1月建立网上家长学校，十多年来，该机构一直致力于家庭教育的建设工作。通过打造“家校路路通”网络平台，在苏几乎所有的中小学包括幼儿园的在校学生家长均能通过该平台，建立“学校—教师—家长”的无障碍沟通。同时，它们定期举办各类家庭教育的讲座，开通热线电话、短信咨询及微信等渠道，切实解决在苏各年级学生家长的家庭教育问题，这也成为全国各地“家庭教育”的示范模式。但是，这样一个“先进家庭教育示范模式”却没有让最需要家庭教育帮助的在苏随迁子女家长群体受益。通过随机访谈，我们发现大部分的随迁子女家长并不知道该机构的存在，也不知道如何向该机构寻求帮助。虽然苏州在 2010 年对 24 所通过审核的民工子弟学校发放过“教育 E 卡通”，但数据平台上显示，几乎很少有家长去使用。此外，网上家长学校似乎也没有关注过流动人口随迁子女的家庭教育问题，没有向民工子弟学校推广过“家校路路通”服务，使得随迁子女的家长和教师的沟通仅停留在传统的方式上，家庭教育效能偏低。因此，建议由流入地政府相关职能部门牵头出资，让所在地的公共教育资源共享于在苏的民工子弟学校的家长们，让他们接受苏州先进的教育理念，感受城市改革进程中的人文关怀，同时也能从根本上帮助这类家长群体正确解决家庭教育中的各种问题和症结。

（3）学校、教师资源的平台。

流入地城市的教育部门不应忽视民工子弟学校的教师成长和队伍建设。我们的调查发现，民工子弟学校的教师学历普遍偏低，在同一所学校的平均教龄也很短。首先，流入地政府在既有教育资源和教育经费有限的情况下，可以根据劳动力市场的供求情况，设置相应的条件（如学历、专业等），经过笔试、面试、试讲等规范的程序，采取聘任制方式选聘素质较优的毕业生或社会人士到民工子弟学校任教。这部分教师的人事关系可挂靠在公办学校。这对因为接收民工子女而导致教师资源紧张的公办学校而言，可以适当缩减一定的成本和负担，并解决辖区内部分大中专院校待业毕业生的就业问题。其次，开通职称评定和社保缴纳通道：民工子弟学校教师大多没有教师职称申报评定的途径，常规的“五险一金”福利待遇也难以齐全。这对吸引和改善民工子弟学校的师资是非常不利的，政府要开辟相关通道并适当予以财政补贴。再次，可以在定期举办的公办教师学科研究等活动中将该群体教师也纳入参加活动的范围，逐步提高民工子弟学校教师的教学研水平。总之，稳定改善民工子弟学校的教师队伍群体，对流动人口随迁子女的教育成长是极其有利的。

### 3．打造流动人口随迁子女后义务阶段的教育平台

我们的调查发现，在流入地城市就读的流动人口随迁子女的家长中有 80% 以上希望自己的子女在义务教育之后，能继续留在流入地继续学习或工作。很多流入地城市，在义务教育阶段，流动人口随迁子女的就学矛盾

已经逐渐由小学向初中延伸。可以预见，随着时间的推移，他们中有一批人可能返回原籍继续高中学业，还有一部分人由于已经成为事实上的二代移民，他们希望在流入地接受高中阶段的教育。预先制订相关政策，统筹解决随迁子女在流入地接受高中阶段教育的问题，这不是一个前瞻性的教育命题，但是对于实现普及高中阶段教育的目标具有十分重要的意义。

开放中等职业教育资源，让流动人口随迁子女通过选拔进入中等职业学校接受教育，使他们成为合格的就业者，这是现有教育资源有限、教育政策改革尚未到位的情况下最积极可行的办法，既解决了大部分孩子初中后的升学就业问题，又为流入地城市对新生劳动力的需求进行了必要的补充。在进一步扩大流入地中职校招收流动人口随迁子女人数的同时，也要积极探索使随迁子女完成中职后继续就读高职的办法，继续健全成人教育和社区教育渠道，帮助随迁子女提高就业技能。

## 二、城市流动人口随迁子女后义务阶段的教育问题思考

### （一）对不同去向群体的教育思考

#### 1. 对就创业群体的思考

（1）嵌入式地开展流动人口随迁子女的职业生涯教育。

对于流动人口随迁子女而言，即使在城市接受了完整的义务阶段教育，其自身职业生涯的概念却非常模糊。特别是对那些选择就业的随迁子女群体而言，职业生涯概念的不清晰，势必成为其在后义务阶段发展的障碍，甚至也会带来一定的社会问题。因此，在流动人口随迁子女接受义务阶段教育的同时，可以嵌入式地对这部分群体开展职业生涯教育。例如，可以在外来流动人口较为集中的社区定期针对青少年开展职业规划的系列讲座，发放相关宣传手册；还可以走进民工子弟学校，针对高年级（7～9年级）的学生开设职业生涯的相关课程。通过多渠道、多形式，嵌入流动人口随迁子女义务阶段的教育过程，为他们建立职业生涯的概念，并起到一定的正确引导作用，改善和优化该群体的社会及个体特征，激发他们自身对未来职业发展的需求，从内在需求去提升自身后义务阶段的职业能力，进而使他们能成为我国经济“新常态”时期现代劳动力供给的主体之一。

（2）完善新生代劳动力就创业培训服务体系。

无论是在流入地还是返乡就创业的流动人口随迁子女，其社会、家长及个体特征水平虽然与同群体成员相比不是最低的；但是，与城市其他同

龄群体相比，他们依然处于弱势，这也意味着他们在后义务阶段的就业、创业过程中会面临诸多困难和障碍。能够让他们克服困难，扫清就创业过程中的障碍，关键是提升他们的社会资本和个体资本，而就创业的培训便是一个很好的提升途径。在我国经济发达地区的一些城市，如北京、上海，已经出现对流动劳动力特别是新生代劳动力就业、创业的培训服务。通过对该类群体的培训，有效地提高了流动劳动力就业的质量和创业的成功率，也间接地提高了城市人口素质。通过特定的培训引导，也可以打造城市发展所需的劳动力群体，改革劳动力的供给侧。因此，借鉴已有流动劳动力就创业培训服务模式，并不断完善和扩大实施范围（流入地城市和流出地均可采用），将为流动人口随迁子女后义务阶段的发展提供有效支持，也对我国经济建设有着重要意义。

2. 对升学群体的思考

（1）推进流动人口随迁子女后义务阶段的异地升学机制。

因为“二元”户籍制的存在，导致流动人口随迁子女在社会资本、家长资本及个体资本上无法获得与本地居民同等的待遇，其中，流动人口随迁子女异地升学问题也是“二元”户籍下产生的一个症结，是我国自20世纪90年代以来教育界、社会等多方探讨研究的焦点。目前，在一些经济发达的省市，如上海、江苏，每年通过对本市教育资源的梳理，在满足本市户籍居民的前提下，发布空余学位的数量，为在当地务工的流动人员随迁子女提供一定的异地升学名额。但从总体来看，空余学位的供给远远满足不了需求的群体。因此，解决流动人口随迁子女后义务阶段异地升学问题，需要开辟另一种形式或者途径，而学历性的职业教育将是很好的选择。

（2）构建流动人口随迁子女后义务阶段学历性的职业教育机制。

一方面，虽如上文所述，流动人口随迁子女在后义务阶段的异地升学问题普遍存在障碍，但这个问题较多地集中在流动人口随迁子女升入普通高中的过程中。另一方面，我国人口老龄化趋势不断加剧，16周岁以上的适龄人口比重逐年下降，我国一些职业技术类的学校面临着生源危机。转变传统的学历及职业观念，对流动劳动力及其随迁子女进行适当的引导，将因为各类资本限制而无法顺利升入流入地普通高中的流动人口随迁子女纳入当地职业教育的对象，并对学习合格者予以学历认定。这样从微观角度来看，首先，可以优化流动人口随迁子女的社会特征，也能有效改善他们的个体特征；其次，既可以解决职业学校招不到、招不满学生的尴尬，又可以保证流动人口随迁子女在后义务阶段能获得学历教育的权益。从宏观角度来看，也有利于培养经济建设所需的现代劳动力。

### （二）对提升流动人口随迁子女后义务阶段教育获得感的思考

流动人口随迁子女是一群长在城市的农村人。他们返乡，将是我国推进城镇化进程中的重要建设力量；他们留驻流入地，将是流入地发展现代产业的主力军。本研究认为，固然要关注随迁子女后义务阶段的意愿和去向，但更应该关注的是：无论这部分群体去了哪里，他们对自身所处状态的满意度如何？他们的获得感怎样？对此，我们从获得和期望的视角进行了如下思考。

1. 流入地与流出地的对口合作，让随迁子女获得优质的后义务阶段教育资源

近年来，我国发达地区依据现代产业发展的需求，不断加大对新生代农民工的职业培训教育。这些教育形式主要是短期技能培训，培训的组织机构也是以社会团体、行业协会等力量为主。但对于农民工随迁子女这部分群体而言，他们更希望获得的是学历性的教育资源。在访谈中，能在后义务阶段继续在流入地升学的随迁子女仅有9人。但无论是流入地还是流出地，很多中等职业学校、技工学校，甚至是高等职业院校都不同程度地面临着生源危机。其实，这也在释放一个信息——后义务阶段的职业教育资源是有空余的。因此，对流入地的职教资源而言，当地政府应当制定相应政策机制，扩大职业类学院的教育功能，建立针对农民工随迁子女群体的自主招生制度，充分利用这部分学历性的教育资源，这样既能为流入地发展现代产业所需高质量的劳动力储备人才，又能提升愿意留驻城市的随迁子女的教育获得感。

当然，流入地在对随迁子女后义务阶段教育资源开放的同时，也存在一定财政和公共风险，需要流出地政府的介入和管理。流入地政府可依据当地人口主要流出地区，与该地区政府建立对口合作。流出地政府对流入地职业院校在培养来自该流出地的随迁子女时，给予一定的投入和补助，建立委托培养关系。这一方面可以降低流入地城市开放教育资源的投入风险；另一方面，流出地政府也可以通过这种投入手段，增进随迁子女对家乡的情感，激发他们在完成学业后的返乡意愿，从而获得现代城镇化建设进程中的高质量劳动力。此外，流出地也应加大本地教育资源的投入和建设，让愿意返乡的随迁子女在家乡同样能有较高的教育获得感。

2. 建设和扩大公共（服务）资源网络，是流入地和流出地的共同应对措施

对不愿意返乡的随迁子女而言，流入地优质的公共（服务）资源有着巨大的吸引力。成熟的城市建筑规划、便利的生活配套设置以及繁华的商

业服务中心，都是在他们的家乡无法获得的。但是，他们留驻城市，是否就能获得这些资源？答案显然是否定的。住房、医疗、卫生及环境等关系民生的资源，作为随迁子女能共享流入地城市本地居民待遇的几乎寥寥无几，而且本地人口排外等地方保护主义心理和现象的存在，使得随迁子女后义务阶段在城市的生活获得感整体水平不高。因此，流入地政府需要合理分配本地公共（服务）资源，不能对外来人口一刀切，可以以外来人口户籍积分制为基础，建立健全外来人口获得公共资源的准入制度；甚至对住房、医疗等基本民生问题，可以建设针对外来人口群体的公共资源项目。通过扩大流入地公共（服务）资源网络，不仅可以提升包括随迁子女在内的外来人口在城市生活的获得感，也有利于提高流入地的治安管理水平。

在流入地政府扩大公共（服务）资源网络的同时，流出地政府更应该加大、加快自身公共（服务）资源的建设。由于随迁子女自小跟随父母离开家乡，对流出地的情感相比父辈要来得淡薄，如果仅靠亲情等精神方面的因素来吸引随迁子女返乡的话，其效果必然不会非常理想。但是，如果流出地政府能不断完善自身的公共（服务）资源，让更多的随迁子女看到返乡后所能获得的公共资源收益，其返乡动力就自然会增加。

3. 流出地应不断优化返乡扶持政策，让随迁子女返乡有发展机遇

当年，第一代农民工外出务工，随后又带着妻儿举家随迁，其重要的理由之一就是发达地区的发展机遇要远高于他们的家乡。而这一理由也呈现在不愿返乡的随迁子女群体中。因此，对于流出地政府而言，在加大公共建设投入的同时，也应不断出台和优化农民工返乡扶持的政策，不仅要让随迁子女们看到返乡后的物质获得，也要让他们看到返乡后的发展机遇。

4. 利用多元途径，合理引导随迁子女对后义务阶段的发展期望

从本研究的访谈结果分析可见，流动人口随迁子女对后义务阶段的发展期望，从物质到精神，依然是比较美好的。但从他们的期望特征来看，随迁子女的返乡意愿更多地受到“身边重要他人”的影响。这一方面说明了他们的社交范围相对狭隘，另一方面也从侧面反映了国家的发展、地方的发展及职业规划等方面的宣传和教育在这个群体中是缺失的。有必要让随迁子女清楚当前国家发展的战略规划，了解他们家乡的发展前景，也了解他们所在流入地的发展导向，并对他们开展职业规划的教育，调节他们的自我认知，合理引导随迁子女对自身在后义务阶段的发展期望。因此，本研究认为，首先，引导要通过学校途径。义务阶段时，随迁子女在流入地就读的学校基本集中于民工子弟学校和流动人口集聚区的公办学校。针

对这些学校，当地教育及相关主管部门可以定期或不定期地上门开设系列讲座，将上述信息传达给随迁子女，让他们对返乡或留城后的发展有相对清晰的认识。其次，通过父母途径。随迁子女之所以对国家、地方及职业发展等方面的知识有所缺失，是因为他们父母对这些信息也不了解。因此，相关主管部门可以针对农民工集中的工厂、工地等，开设相关讲座，或发放宣传手册，引导随迁子女的父母和他们周边人员对后义务阶段教育的认识，进而间接引导随迁子女对后义务阶段的期望。此外，还可以通过社区途径。针对农民工相对集聚的社区，以上述内容为主题，开展各种宣传活动、发放宣传手册、张贴宣传海报，营造宣传氛围，让随迁子女从生活环境中获取这些信息，以达到调整自身认识和期望的目的。当然，上述工作不应都由流入地政府承担，流出地政府也可以定期派出相关人员，在流入地老乡集中的社区、学校、工厂等，宣传流出地的发展规划、解读当地的返乡就创业政策，使得新生代农民工，特别是随迁子女群体，能正确、清楚地了解国家政策，以便为自己后义务阶段的返乡决策提供依据。

综合上述研究及思考，流动人口随迁子女在流入地的获得及后义务阶段的期望，是可以受外界的影响而发生变化和调节的。作为流入地和流出地政府，不应去干预他们的返乡意愿，而应该增加他们在后义务阶段的获得，引导他们的期望，最后让随迁子女在清晰国家发展规划的基础上，结合个人发展规划，去做出是否返乡的决策。

## 三、基于城市流动人口随迁子女视角的流入地政府推进公共教育均等化的思考

### （一）地方财政投入精准化的思考

发达国家政府对公共教育的财政投入约占 GDP 的 5%～6%，有些国家更是高达 8%～9%。在我国，即使是像上海、苏州等经济、教育发达的城市，其公共教育的财政支出也仅占地方 GDP 的 2%～3%。对流入地政府而言，加大地方公共教育的投入，推进随迁子女公共教育均等化发展，在财政预算上是有充足的空间，但关键是如何将这些财政经费精准化地投入使用。

#### 1. 以提升随迁子女公共教育基础服务质量为重点目标

虽然流入地政府实现公共教育基本均衡化，但这个均衡仅是数量上的均衡，是低水平的教育均等化。从流动人口随迁子女的教育获得感评价结果可见，他们对当前所获取的公共教育基础服务的质量的满意度并不高，特别是民工子弟学校的学生们。因此，对流入地政府而言，在进一步推进

公共教育均等化的财政投入问题上，必定是以“提质”为重点目标。一方面，改善随迁子女就读学校的硬件设施：在当前高科技飞速发展的社会背景下，流入地政府不仅要给随迁子女们宽敞明亮的教室和干净的课桌椅，更应该配套电子化教学的硬件设备，建造科学化的教学运动场地，打造人性化、人文化的学习环境。另一方面，提升教授随迁子女学生的师资团队力量：以政府嘉奖的形式，鼓励师范院校学生毕业后投身随迁子女学校的教学工作；以财政补贴的形式，加大现有随迁子女学校教师的在岗培训工作；改革现有薪酬激励机制，对民工子弟学校的“公办支援教师”建立在岗工资收入报酬体系，实施双薪制。

2. *以提升随迁子女公共教育服务层次为资助倾向*

流动人口随迁子女获得感评价结果显示，他们在高层次的公共教育服务上实际获得较少，并且对其获得也表达了较低的满意度。探究原因，一方面，随迁子女在流入地城市几乎没有渠道去了解更高层次的公共教育服务的获得途径；另一方面，流入地的一些较高层次的公共教育服务，其服务对象是以本地户籍的学生为主，如文化宫、少年宫、图书馆、青少年活动中心及科普教育基地，甚至包括各类社区。也就是说，流入地地方财政对这些公共教育服务的投入，看似是针对公众，但实际并没有覆盖流动人口随迁子女这类群体。因此，对流入地政府而言，需进一步加大建设上述社会公共教育服务的财政投入，首先从量上保障随迁子女的共享权，其次从质上保证随迁子女的教育效果。此外，由于流动人口随迁子女群体的特殊性，他们对高层次教育服务的需求内容与本地学生并不完全相同。因此，流入地政府可以联合社会公益组织，资助打造专门针对随迁子女的公共教育服务平台，以全方位、多角度、多阶段的服务形式，帮助他们解决成长过程中的问题，提高他们的教育获得感。

### （二）地方教育管理机制人性化的思考

目前流入地城市在推进公共教育均衡化的进程中虽然取得了一定成效，但流动人口随迁子女的获得感却不高，除了要提高地方财政投入的力度和精准度外，还要反思当前地方教育管理机制是否人性化。

1. *开辟随迁子女在流入地的各级升学途径*

流动人口随迁子女在流入地的升入学节点共有三个：第一个是进入义务阶段的“幼升小”，第二个是“小升初”，第三个是后义务阶段的“中、高考”。对于第一个节点，目前很多流入地都采用积分制并加大政府投入，已基本解决。但是随迁子女能进入流入地的小学阶段学习，并不意味着一定能顺利进入流入地初中，而要在流入地继续后义务阶段的教育困难更大。这一问题也在获得感的评价中显现出来了。由于一些流入地政府的教育管理法规的限制，如苏州、南京、杭州等，很多民工子弟学校仅能获得六年制的办学执照，因此对随迁子女而言，流入地对其开放的初中学位是明显少于小学阶段的。对此，流入地政府要充分意识到问题的存在，在监督和把握教育质量的前提下，放开对民工子弟学校的办学年限，盘活社会民办教育资源。此外，可以效仿义务阶段，开放流入地后义务阶段公共教育资源，让随迁子女通过选拔进入高中或中职等学校接受教育，提升他们的文化素质和劳动素质。特别是流入地中等职业学校的资源开发，是在现有教育资源有限、教育政策改革尚未到位的情况下，最积极可行的办法，也是教育均等化推进过程中的一个过渡。

2. 简化随迁子女在流入地升入学的各类申请

本研究中流动人口随迁子女获得感评价结果显示，由于缺乏专业的教育规划和指导，使得他们在申请学校、规划学习生涯及获取各类资源上均存在障碍。他们在流入地的基础教育资源获取过程并不通畅，而是极其烦琐的，如小学生入学的学位申请，大部分流入地城市需要农民工家长向学校提供出生证、计划生育证、防疫接种证、居住证、家长在本市就业证明（各种社保、缴税单）、流出地城市户籍证明及辖区房屋租赁证明等一系列申请材料。因此，流入地政府出于人性化考虑，可以简化随迁子女获取公共教育服务的申请表格、材料及流程，如递交了居住证，就可以免交流出地的户籍证明和辖区房屋租赁证明等。此外，对于流动人口而言，很多人都没有计划生育证，在国家全面放开二胎的背景下，这些材料完全可以免去。总之，从人性化角度出发，简政放权，畅通他们的入学通道。

### （三）流入地社会氛围公平化的思考

“城乡二元”机制尚未破除，流入地对本地户籍人口的保护倾向，导致流入地公共教育不公平的现象在流动人口随迁子女群体中体现了出来。虽然流入地政府在推进教育均等化问题上不断努力，但除了一系列财政和教育管理上的措施外，还应促进社会氛围的公平化。

1. 规范公共教育有偿服务的市场发展

从经济视角来看，流动人口随迁子女属于劣势群体，而经济上的劣势造成他们在获取公共教育服务上的劣势，特别是获取一些有偿服务。随着社会的发展，流入地的公共教育有偿服务市场是非常兴盛的，很多本地子女在接受学校的基本教育之外还会接受各类教育机构的服务，当然，前提是支付高额的学费。家长望子成龙的心理，也使得这些社会教育机构漫天开价，甚至大有取代学校教育之态势。不良的教育市场形态，也是导致流动人口随迁子女在公共教育服务上的获取不均衡。因此，一方面，流入地政府必须规范公共教育有偿服务市场的发展，可以效仿对商场、超市的价格管理机制，设置付费教育服务的上限，定期公布各类付费教育的平均市场价。另一方面，作为教育组织机构，不应只是商业化的运营模式，还应承担社会公益责任。政府在对这些机构进行办学资质审核和复核时，可以设立“向社会提供公益教育服务”等考核指标，使得流动人口随迁子女有获得该类教育服务的免费机会，促进社会教育公平化。

2. 营造全社会成员平等参与教育活动的氛围

在流入地公共教育活动中，随迁子女处于弱势，也是推进公共教育服务均等化发展的焦点。从他们对公共教育获得感的评价结果中发现，男性和女性的获得感存在显著差异，传统性别观念导致该群体内部教育不均等的现象。无论是群体外还是群体内，随迁子女在公共教育服务上获得的不均等，都是因为目前社会尚未形成全员教育平等的氛围。对于流入地政府而言，首先，流入地政府自身要破除地方保护主义的倾向，在公共教育服务分配上，不应只以户籍作为划分依据，更多地应考虑家庭对城市的贡献、群体对城市的作用等因素，营造一个公平的政策大环境；其次，要多渠道向流动人口群体宣传男女平等参与教育的观念，以多种典型的案例，让流动人口家长群体明白通过教育手段提升女性素质的重要性；再次，通过各界媒体、中介向全社会宣传全民素质的提升才是城市发展的根本，而流动人口及其随迁子女的素质与本地居民同等重要，通过他们参与教育活动来提升他们的素质是重要的和必要的。总之，利用多元途径营造全民教育公平的社会氛围，将有利于推进公共教育服务的均等化。

# 附件一：

# 研究中的各类调查问卷

## 一、学生调查问卷

亲爱的同学：

你好！我们正在做一个关于学生教育状况的调查，希望调查的结果能支持你们在苏州更好地就读。现在耽误你 5 分钟的时间帮我们完成以下内容。调查问题可能还不够完善，你可以写任何你想写的内容。

相信你是一个诚实、负责的孩子，一定能认真地完成这一任务。谢谢你的支持和合作，祝你学习进步！

**第一部分：自然信息**

姓名：　　　　　　　　　　性别：男□ 女□

出生年月：　　　年　　月　　日

年级：

父亲职业：

母亲职业：

调查日期：

**第二部分：基本信息**

1. 你家有几个兄弟姐妹？

A. 0 个　　B. 1 个　　C. 2 个　　D. 2 个以上

2. 你来苏州读书有几年了？

A. 1 年以下　　B. 1～2 年　　C. 3～5 年　　D. 5 年以上

3. 你现在就读的学校是：

A. 公办学校 B. 民工子弟学校

4. 你每个月的零花钱大概在哪个范围？

A. 0～20元 B. 21～50元 C. 51～100元 D. 100元以上

5. 你的父母关心你的学习吗？

A. 非常关心 B. 比较关心 C. 有时关心 D. 从不关心

6. 你在这里学习适应吗？

A. 能适应 B. 不适应 C. 想回老家

7. 你在学校的出勤情况如何？

A. 经常请事假 B. 偶尔请事假 C. 几乎不请事假

8. 你的学习成绩处于班级哪个位置？

A. 前列 B. 中上等 C. 中等 D. 中下等

9. 你在学校获得过何种奖励？

A. 从未

B. 获得：a. ________ b. ________ c. ________

10. 你在学校受过何种惩罚？

A. 从未

B. 违规违纪：a. ________ b. ________ c. ________

11. 放学后你会帮助家人做家务吗？

A. 经常 B. 偶尔 C. 很少 D. 从不

12. 放学后你喜欢做什么（如体育锻炼、看书等，不包括看电视、打游戏）？

A. 无爱好

B. 爱好：a. ________ b. ________ c. ________

13. 你在学校或社会参加过什么培训项目？（如英语、画画、舞蹈等）

A. 未参加课外培训

B. 参加课外培训：a. ________ b. ________ c. ________

14. 你们学校的条件怎样？

A. 较好 B. 好 C. 一般 D. 差

15. 你与陌生人交往的积极性如何？

A. 非常主动 B. 比较主动 C. 不爱交往 D. 从不交往

16. 你觉得现在的教师关心你吗？

A. 关心 B. 偶尔关心 C. 不关心 D. 不知道

17. 你喜欢学校的教师吗？

A. 非常喜欢 B. 喜欢 C. 不喜欢 D. 很不喜欢

18. 你有心事时，通常最愿意向谁倾诉？

A. 父母　　B. 教师　　C. 同学　　D. 陌生人

E. 不向任何人说

19. 你觉得你能实现自己的理想吗？

A. 能，只要我努力了　　B. 不能，不管我是否努力

C. 不知道

我们的调查还有很多不足，如果你有任何建议，请写下来，非常感谢！

## 二、家长调查问卷

您好，我们现在正在做一个学生教育状况的调查，希望调查的结果能支持这些学生在苏州更好地就读。现在耽误您5分钟的时间帮我们完成以下内容。您的帮助我们将非常感激！调查问题可能还不够完善，您可以写下任任何您想写的内容。

**第一部分：自然信息**

姓名：　　　　　　　　性别：男□ 女□

出生年月：　　年　　月　　日

年级：　　　　　　　　民族：

父母职业（请填具体，例如车工、鞋店售货员、主妇等）

父亲职业：

母亲职业：

家庭年收入总量：

填表者：父□　母□　其他人 □

填表日期：　　年　　月　　日

**第二部分：基本信息**

1. 您的孩子在哪类学校就读？

A. 公办学校　　B. 民工子弟学校

2. 您的孩子在苏州读书有几年了？

A. 1年以下　　B. 1～2年　　C. 3～5年　　D. 5年以上

3. 您的孩子毕业后将在哪里升学？

A. 苏州　　B. 老家　　C. 其他：__________

4. 您的孩子在学校受到过何种奖励？

A. 从未

B. 获得：a. ________ b. ________ c. ________

5. 您的孩子在学校受到过何种惩罚？

A. 从未

B. 违规违纪：a. ________ b. ________ c. ________

**第三部分：最近6个月以内的现状**

1. 您的孩子有兴趣爱好吗？（例如打篮球、看书等，不包括看电视）

A. 无爱好

B. 爱好：a. ________ b. ________ c. ________

2. 您的孩子在学校或社会上参加课外培训项目吗？（例如英语、画画等）

A. 未参加课外培训

B. 参加课外培训：a. ________ b. ________ c. ________

3. 您的孩子有无干活或打零工的经历？（例如送报、帮家长照顾生意等）

A. 无

B. 有：a. ________ b. ________ c. ________

4. 您孩子当前的学习成绩：

| | 优秀 | 良好 | 中等 | 及格 | 不及格 |
|---|---|---|---|---|---|
| a. 语文课 | □ | □ | □ | □ | □ |
| b. 数学课 | □ | □ | □ | □ | □ |
| c. 英语课 | □ | □ | □ | □ | □ |
| d. 体育课 | □ | □ | □ | □ | □ |

5. 您的孩子在学校的出勤情况如何？

A. 经常请事假 B. 偶尔请事假 C. 几乎不请事假

6. 您的孩子在学校有无学习或其他问题？

A. 没有

B. 有问题，问题内容：____________________

我们的调查还有很多不足，如果您有任何建议，请写下来，非常感谢！

## 三、教师调查问卷

您好，我们现在正在做一个关于民工子弟学校学生的调查，耽误您5分钟的时间帮我们完成以下内容。您的帮助我们将非常感激，谢谢！调查问题可能还不够完善，希望有经验的教师能多多提出宝贵建议，写下任何您想写的内容。

1. 您在哪类学校进行教学工作？
A. 普通中小学 B. 民工子弟学校
2. 您在本校的工龄有几年了？
A. 1年以下 B. 1～2年 C. 3～5年 D. 5年以上
3. 您是什么学历？
A. 研究生 B. 本科 C. 专科 D. 专科以下
4. 您是班主任还是任课教师？
A. 班主任 B. 任课教师
5. 您认为民工子弟学校学生是一个特殊的群体吗？为什么？
A. 是 B. 否
原因：________________________________
6. 您认为民工子弟学校学生对学习的态度如何？
A. 非常渴求学习
B. 对学习比较认真
C. 大多不爱学习
D. 和其他学生一样，有的爱学，有的不爱学
7. 您觉得民工子弟学校学生的个性特征如何？
A. 活跃偏多 B. 内向偏多 C. 与其他学生无差异
D. 其他（如暴躁、多疑、成熟等）请补充：________________
8. 您认为民工子弟学校学生的自尊心如何？
A. 普遍较强 B. 普遍偏弱 C. 与其他学生无差异
9. 您对民工子弟学校学生的看法如何？
A. 同情 B. 欣赏 C. 厌烦 D. 无特殊看法

我们的调查还有很多不足，如果您有任何建议，请写下来，非常感谢！

## 四、第三方调查问卷

您好，我们现在正在做一个关于民工子弟学校学生的调查，耽误您5分钟的时间帮我们完成以下内容。您的帮助我们将非常感激，谢谢！调查问题可能还不够完善，您可以写下任何您想写的内容。

1. 请问您是?

A. 老苏州人　B. 新苏州人

2. 在苏州，民工子女在义务教育阶段是否与本地学生一样平等地享有受教育权利?

A. 不清楚　B. 基本一样

C. 比本地学生稍差些　D. 明显不如本地学生

3. 与本地学生相比，你了解的民工子女的学习成绩如何?

A. 不清楚　B. 没有规律，有的好，有的不好

C. 总体比本地学生好　D. 总体不如本地学生

4. 与本地学生相比，你了解的民工子女的文明礼貌、行为习惯等如何?

A. 不清楚　B. 没有规律，有的好，有的不好

C. 总体比本地学生好　D. 总体不如本地学生

5. 您认为民工子弟学校学生是一个特殊的群体吗？为什么?

A. 是　B. 否　原因：________________

6. 您认为民工子弟学校学生与社区的融合度如何?

A. 不清楚　B. 没有规律，和本地学生一样

C. 融合度好　D. 融合度差

7. 您对民工子弟学校学生的看法如何?

A. 同情　B. 欣赏　C. 厌烦　D. 无特殊看法

8. 您觉得民工子弟学校学生的个性特征如何?

A. 活跃偏多　B. 内向偏多　C. 与其他学生无差异

D. 其他（如暴躁、多疑、成熟等）请补充：________________

9. 您认为民工子弟学校学生的自尊心如何?

A. 普遍较强　B. 普遍偏弱　C. 与其他学生无差异

我们的调查还有很多不足，如果您有任何建议，请写下来，非常感谢！

## 五、城市流动人口随迁子女后义务阶段相关情况调查问卷

尊敬的女士/先生：您好！

这是一份关于外来务工人员职业、消费和教育的调查问卷，以了解当前外来务工人员的职业、消费和教育情况。本问卷采用无记名方式，目的只用于学术研究，保证绝对不泄露您的任何隐私。真诚地希望能得到您的支持与配合。

请您根据个人的实际情况，在您认为最适合的选项前的“□”内打“✓”，或在“____”上填写正确资料。谢谢，祝您生活和工作愉快！

**一、个人基本资料**

1. 性别：□男　□女

2. 出生年月：________

3. 婚否：□已婚　□未婚

4. 文化程度：

□小学及以下　□初中　□高中或中专　□大专

□本科及以上　□其他

5. 户籍所在省市：________（如：江苏射阳）

6. 外出务工年限：________年

7. 是否有务农经历：□有　□无

8. 目前职业：

□个体经营户　□营业员　□服务员　□建筑工人　□技术工人

□普通工人　□推销等业务人员　□管理人员　□办公室文员

**二、个人消费情况**

1. 您的月收入为：

□ 2 000 元以下　□ 2 001 ～ 3 500 元　□ 3 501 ～ 5 000 元

□ 5 001 ～ 8 000 元　□ 8 000 元以上

2. 您每月消费总支出：

□ 1 000 元以下　□ 1 001 ～ 2 000 元　□ 2 001 ～ 3 000 元

□ 3 001 ～ 4 000 元　□ 4 000 元以上

3. 您每月在生活方面（伙食费、住宿费、水电煤及交通费等）的消费支出有：

□ 1 000 元以下　□ 1 001 ～ 2 000 元　□ 2 001 ～ 3 000 元

□ 3 001 ～ 4 000 元　□ 4 000 元以上

4. 您每月在娱乐活动方面（旅游、休闲娱乐、社交等）的消费支出有：

□ 500 元以下　　□ 501 ~ 1 000 元　　□ 1 001 ~ 2 000 元

□ 2 001 ~ 3 000 元　　□ 3 000 元以上

5. 您每月在教育信息方面（参加培训、继续教育、网络通信及报刊书籍等）的消费支出：

□ 500 元以下　　□ 501 ~ 1 000 元　　□ 1 001 ~ 2 000 元

□ 2 001 ~ 3 000 元　　□ 3 000 元以上

6. 您每月新增存款：

□ 1 000 元以下　　□ 1 001 ~ 2 000 元　　□ 2 001 ~ 3 000 元

□ 3 001 ~ 4 000 元　　□ 4 000 元以上

7. 您的存款用途为：

□ 寄给家人　□ 投资理财　□ 购买住房　　□ 定期娱乐消费

□ 医疗健康　□ 结婚生子　□ 下一代教育储备　□ 其他

**三、教育情况**

1. 您是否有过职业教育和培训的经历？

□ 从来没有　　□ 有过 1 ~ 2 次中短期的

□ 有过 1 次长期的（1 年以上）　　□ 经常参加短期培训

□ 目前正在接受长期教育

2. 您是否拥有国家、行业或企业认定的职业等级？

□ 没有　　□有

3. 您目前的职业等级为：（如上题选“没有”，此题可不作答）

□ 五级技工（最低）　□四级　□三级（中级）

□二级　□一级（最高）

4. 若有学习机会，您每年愿意投入教育当中的金额为：

□ 0 元　　□ 1 ~ 1 000 元　　□ 1 001 ~ 2 000 元

□ 2 001 ~ 3 000 元　　□ 3 000 元以上

5. 若有学习机会，您愿意接受什么样的学习方式？

□ 1 ~ 3 个月的短期培训　□ 4 ~ 6 个月的中短期培训

□ 7 ~ 12 个月的中期培训　□ 1 ~ 3 年的高级技术培训

□ 自学（大专、本科）考试辅导课程

□ 正规学位教育（如自考大专、本科）

6. 您如果参加继续学习，其主要目的是为了（可选两项）：

□ 增加理论知识　　□ 提升技术技能（等级）

□ 提高学历水平　　□ 满足兴趣爱好

7．您如果参加继续学习，对哪方面的内容感兴趣？

□ 电子信息 □ 机械工程 □ 建筑制造 □ 传统工艺
□ 农业技术 □ 语言能力（如英语） □ 管理能力
□ 财务知识 □ 营销知识 □ 电子商务 □ 创业知识
□ 美术绘画 □ 音乐舞蹈 □ 体育健身 □ 历史文化 □ 其他

**四、观点调查**

| “1”表示您对该观点赞同度很低，“3”表示中等，“5”表示赞同度很高，请在“1—5”的分值相应框内打“√”。 | | 不同意⟷同意 | | | | |
|---|---|---|---|---|---|---|
| | | 1 | 2 | 3 | 4 | 5 |
| 1. | 您是否打算长期在外务工发展？ | | | | | |
| 2. | 您对自己职业的社会认可度非常看重 | | | | | |
| 3. | 您对自己职业的收入水平非常看重 | | | | | |
| 4. | 您对自己从事的工作绩效非常看重 | | | | | |
| 5. | 您觉得自己的工作压力很大 | | | | | |
| 6. | 您觉得自己的职业发展良好 | | | | | |
| 7. | 为发展职业，您有强烈继续学习的意愿 | | | | | |
| 8. | 您愿意为继续教育支付学费 | | | | | |
| 9. | 如果有机会，您愿意为继续教育花费学习时间 | | | | | |
| 10. | 您觉得通过继续教育一定会为自己带来职业发展上的收益 | | | | | |

# 附件二：

# 城市流动人口随迁子女研究的访谈资料

## 一、城市流动人口随迁子女教育获得感的访谈提纲

您好，我们是教育部课题组的老师，目前正承担了教育部关于“城市流动人口随迁子女后义务阶段教育”的一个研究课题。现在想和您聊聊，关于您所知道的，或者您本身就是这个城市流动人口随迁子女（民工子女），当前他们的教育情况、他们对所获得的教育资源的满意情况。谢谢！

### （一）关于随迁子女群体当前的教育情况

1. 随迁子女目前就读的学校性质。
2. 随迁子女所在学校的设施条件。
3. 随迁子女所在学校的教师情况。
4. 随迁子女的奖助金获取情况。
5. 随迁子女的学习成绩，是否参加过本地城市的统考联考（诸如一般期中、期末考试）？能否比较？
6. 随迁子女的课外学习情况如何？有参加兴趣小组、社团的途径吗？
7. 随迁子女的学习资料是否完备？还是仅有课本？
8. 随迁子女是否能获得社会最新的教育资讯？他们获得资讯的途径有哪些？

### （二）关于随迁子女群体在教育过程中的获得感问题

1. 随迁子女对当前在流入地所获得的教育的整体感觉，是满意还是不满意？是公平还是不公平？

2. 随迁子女对他们所在学校的认知情况，是认同还是不认同？是满意还是不满意？具体表现在哪些方面？如硬件、校舍、管理制度。

3. 随迁子女对学校教师的认知情况，是喜欢还是不喜欢？对教师队伍是否满意？与教师交流互动的情况如何？表现在哪些方面？

4. 随迁子女对当前学习内容的认知情况，是否喜欢学习？是否能跟得上学习的进度？学习资料是否需要完善？对课外学习资讯是否热衷？

5. 随迁子女在教育中的人际关系如何？与同学相处的情况如何？是友好还是不友好？能否融入本地学生群体？

6. 随迁子女对入学、升学情况的认知，是否觉得公平？他们是否实现与本地学生的平等？

7. 随迁子女对义务阶段和后义务阶段的教育感知情况，横纵向的对比感知。

8. 随迁子女是否参加相关的职业教育活动？职业规划情况如何？面临的职业发展问题有什么？当前的职业培训的时间、效果、内容如何？

非常感谢您所提供的有效信息和宝贵意见！

教育部流动人口随迁子女课题组

## 二、城市流动人口随迁子女后义务阶段发展需求的访谈提纲

您好，我们是教育部课题组的老师，目前正承担了教育部关于“城市流动人口随迁子女后义务阶段教育”的一个研究课题。现在想和您聊聊，关于您所知道的，城市流动人口随迁子女（民工子女）在初中后的去向及他们的发展情况。当然，您也可以谈一下您对以下这些问题的看法。

### （一）关于初中后（后义务阶段）的教育情况

1. 目前，据您所了解，在苏的流动人口随迁子女有多少比例，可以留在苏州继续读高中或者职校的有多少？

2. 这部分留在苏州的孩子，他们具备什么样的特征（如学业成绩、特长、性别、父母职业、初中就读的学校、是否独生子女、流出地来源等）？

3. 不能顺利留在苏州继续学习的流动人口随迁子女，他们的去向如何？是回老家继续学业，还是去别的城市就读职业院校，或者打工？大概比例如何？

### （二）关于初中后（后义务阶段）的职业情况

1. 据您所了解，在苏就读过的流动人口随迁子女，初中毕业后，直接打工就业的孩子有多少？他们一般从事什么样的工作？还继续留在苏州吗？

2. 据您所了解，升入高中的孩子，无论是留在苏州或回老家的，他们考上大学的概率高不高？考上的学校是本科还是大专职业院校？他们考不上大学，是否直接打工还是会选择复读？

3. 据您所了解，升入中职学校的孩子，毕业后的职业去向如何？

4. 有没有城市流动人口随迁子女回老家务农的？

### （三）个体需求情况

1. 城市流动人口随迁子女的家长，他们希望自己的孩子是读大学的居多，还是希望他们能早早地工作，减轻家庭经济负担的居多？（即他们对孩子的学业期望如何？）家长们希望孩子是回老家还是留在苏州？

2. 城市流动人口随迁子女，他们自身对自己未来的想法如何？特别

是初三的学生，对初中后的去向他们有没有自己的想法？还是完全听从父母的安排？他们是希望继续学习，考大学，或者去中职学校，还是希望自己早点踏入社会打工？

非常感谢您所提供的有效信息和宝贵意见！

教育部流动人口随迁子女课题组

# 参考文献


[1] David Hand，Heikki Mannila，Padhraic Smyth. 数据挖掘原理（第一版）[M]. 张银奎，廖丽，宋俊，等译. 北京：机械工业出版社，2003.

[2] Jiawei Han，Micheline Kamber. 数据挖掘：概念与技术（第一版）[M]. 范明，孟小峰，等译. 北京：机械工业出版社，2001.

[3] 国家卫生和计划生育委员会流动人口司. 中国流动人口发展报告 2013 [M]. 北京：中国人口出版社，2013.

[4] 中共南京市委党校课题组. 南京外来务工人员子女教育现状的调查与思考 [J]. 中共南京市委党校学报，2008（1）：87－90.

[5]《学术前沿》编者. 获得感的理论意蕴 [J]. 人民论坛·学术前沿，2017（02）：4－5.

[6] 曹现强，李烁. 获得感的时代内涵与国外经验借鉴 [J]. 人民论坛·学术前沿，2017（02）：18－28.

[7] 曹广忠，刘锐. 流动人口子女教育地选择的影响因素与性别差异 [J]. 城市与区域规划研究，2013，6（02）：82－94.

[8] 陈栋. 底线与上限：论教育公平的立场、内涵和限度——兼论新教育公平的实践路径 [J]. 教育发展研究，2017，37（02）：32－41.

[9] 陈向明. 扎根理论在中国教育研究中的运用探索 [J]. 北京大学教育评论，2015，13（01）：2－15，188.

[10] 陈晓青. 进城务工人员随迁子女教育问题研究 [D]. 天津：天津工业大学，2013.

[11] 杜越，汪利兵，周培植. 城市流动人口子女的教育：政策与革新 [M]. 杭州：浙江大学出版社，2004.

[12] 段成荣，吕利丹，邹湘江. 当前我国流动人口面临的主要问题和对策——基于2010年第六次全国人口普查数据的分析 [J]. 人口研究，2013，28（02）：17－24.

[13] 傅红春，黄芝华. 教育的幸福效应：方向·力度·速度·跨度

[J]. 华东师范大学学报（哲学社会科学版），2015（06）：140－147，169.
[14] 方鹃. 外来务工者子女自尊及其团体干预研究 [D]. 上海：华东师范大学. 2008.
[15] 冯帮，崔梦川. 关于农民工对异地高考政策反响的调查报告 [J]. 上海教育科研，2013（01）：47－50.
[16] 高向东，朱晓林. 流动人口子女在流入地高考改革势在必行 [N]. 中国社会科学报，2012－02－08（B01）.
[17] 高洪贵. 风险社会视野下新生代农民工教育培训的政府责任探析 [J]. 现代远距离教育，2013（03）：49－53.
[18] 郭秀娟. 基于关联规则数据挖掘算法的研究 [D]. 长春：吉林大学，2004.
[19] 葛新斌，尹姣容. 农民工随迁子女异地高考困局的成因与对策 [J]. 华南师范大学学报（社会科学版），2014（02）：48－52，159－160.
[20] 高慧. 上海外来人口子女义务教育现状 [J]. 当代青年研究，2010（03）：22－27.
[21] 王瑾. 共享发展：让群众有更多的获得感 [J]. 当代世界与社会主义，2016（02）：37－43.
[22] 王浦劬，季程远. 新时代国家治理的良政基准与善治标尺——人民获得感的意蕴和量度 [J]. 中国行政管理，2018（01）：6－12.
[23] 黄君宝. 衡量政绩的标准不是 GDP 而是人类发展指数 [A] //2011 中国可持续发展论坛. 2011 中国可持续发展论坛 2011 年专刊（二）[C]. 珠海：中国可持续发展研究会，2011：3.
[24] 黄艳敏，张文娟，赵娟霞. 实际获得、公平认知与居民获得感 [J]. 现代经济探讨，2017（11）：1－10，59.
[25] 韩世强. 进城务工人员子女的升学困境与法律保障机制研究 [J]. 华中师范大学学报（人文社会科学版），2013，52（04）：162－167.
[26] 韩嘉玲. 北京市流动儿童义务教育状况调查报告 [J]. 青年研究，2001（08）：1－7.
[27] 霍霖霞. 天津市流动人口子女家庭教育问题分析及指导策略研究 [D]. 天津：天津师范大学，2007.
[28] 胡瑞文，朱涛，杜晓利. 上海流动人口子女义务教育后出路问

题研究［J］. 教育发展研究，2008（Z1）：15－18.
［29］华灵燕. 农村人口流动背景下义务教育体制改革研究综述［J］. 当代教育论坛，2006，24（12）：10－12.
［30］康来云. 获得感：人民幸福的核心坐标［J］. 学习论坛，2016，32（12）：68－71.
［31］罗哲，张宇豪. 基本公共教育服务均等化绩效评估理论框架研究——基于平衡计分卡［J］. 四川大学学报（哲学社会科学版），2016（02）：132－138.
［32］李郁. 初中外来民工子弟语文合作教学初探——以苏州第一初级中学为例［D］. 苏州：苏州大学，2013.
［33］李慧. 农民工随迁子女城市普通高中就学政策研究［D］. 长春：东北师范大学，2014.
［34］李慧，杨颖秀. 农民工随迁子女异地升学的可行能力缺失与提升［J］. 教育科学研究，2014（01）：25－29.
［35］刘惠. 我国"异地高考"问题的网络舆情分析——基于五大综合类门户网站的研究［J］. 上海教育科研，2014（03）：10－14.
［36］刘世清，苏苗苗. "异地高考"政策的合理性研究——基于30个省（自治区、直辖市）"异地高考"方案的内容分析［J］. 高等教育研究，2013，34（06）：23－28，83.
［37］梁卓欣. 经济转型背景下新生代农民工职业培训新趋势［J］. 中国成人教育，2017（01）：157－160.
［38］刘成斌. 农民工流动方式与子女社会分化——对中国人口流动制度设计的反思［J］. 中国人口科学，2013（04）：108－116，128.
［39］吕利丹，段成荣. 对我国流动人口统计调查的总结与思考［J］. 南方人口，2012（03）：73－80.
［40］刘谦，生龙曲珍. 随迁子女教育政策复杂性研究——以北京市C区为例［J］. 中国教育学刊，2015（06）：20－27.
［41］刘诠路. "三农问题"与"农村职业教育"［J］. 教育发展研究，2006（12）：33－36.
［42］雷万鹏，范国锋. 流动人口随迁子女平等接受义务教育评价指标研究［J］. 教育发展研究，2015（01）：67－70.
［43］李雅儒，孙文营，阳志平. 北京市流动人口及其子女教育状况调查研究（上）［J］. 首都师范大学学报（社会科学版），2003

(01)：118-122.
[44] 李雅儒，孙文营，阳志平．北京市流动人口及其子女教育状况调查研究（下）[J]．首都师范大学学报（社会科学版），2003（02）：110-114.
[45] 金晓彤，李杨．新生代农民工职业培训研究的回顾与展望[J]．求索，2015（05）：188-191.
[46] 马良．全纳教育视野：流动人口子女流入地义务教育的实证分析[J]．宁夏社会科学，2007（05）：67-71.
[47] 马海涛，郝晓婧．供给侧结构性改革下财税政策的基本取向与具体思路[J]．公共财政研究，2018（01）：4-19.
[48] 明庆华，程斯辉．我国当代人口流动与教育[J]．中国教育学刊，1995（06）：7-10.
[49] 明庆华．我国当代人口流动的教育社会学分析[J]．湖北大学学报（哲学社会科学版），1996（04）：100-103.
[50] 明庆华，刘亚玲．浅谈流动人口的子女教育问题[J]．湖北大学学报（哲学社会科学版），1999（03）：90-92.
[51] 潘建红，杨利利．习近平"人民获得感思想"的逻辑与实践指向[J]．学习与实践，2018（02）：5-12.
[52] 钱志亮．社会转型时期的教育公平问题——中国教育学会中青年教育理论工作者专业委员会第十次年会会议综述[J]．教育科学，2001（01）：63-64.
[53] 荣雷．推进义务教育均衡发展促进公共教育服务均等化[J]．学校党建与思想教育，2011（27）：4-6.
[54] 孙文中．包容性发展：农民工随迁子女教育融入问题研究——基于武汉市的调查[J]．广东社会科学，2015（03）：197-204.
[55] 邵书龙．国家、教育分层与农民工子女社会流动：contain 机制下的阶层再生产[J]．青年研究，2010（03）：58-69，95.
[56] 邵秀娟，王守恒，姚运标．"进城流动人口子女教育"研究文献的元分析[J]．内蒙古师范大学学报（教育科学版），2009（08）：10-13.
[57] 佘凌，罗国芬．流动人口子女及其教育：概念的辨析[J]．南京人口管理干部学院学报，2003（19）：7-9.
[58] 沈小革，周国强．广州市流动人口子女义务教育问题分析与对策[J]．现代教育论丛，2005（05）：17-24，53.

［59］沈逸．在沪务工人员子女的教育公平问题——对闵行区的个案研究［D］．上海：上海师范大学，2003．

［60］孙新，杨淑捷．异地高考的合理性与现实性分析［J］．教育评论，2013（01）：6－8．

［61］谭寒，潘寄青．促进农民工培训的财税政策研究［J］．职教论坛，2010（31）：14－18．

［62］万川．流动人口概念之我见［J］．山东公安专科学校学报，2001（03）：84－87．

［63］汪传艳，徐璐．初中流动学生的升学意愿及其影响因素：分层线性模型分析［J］．教育与经济，2017（04）：66－73．

［64］吴晓燕，吴瑞君．上海市流动人口子女初中后教育的现状、问题及其难点分析［J］．教育学术月刊，2009（01）：47－49．

［65］王莹．城乡二元社会结构下流动人口子女教育问题研究［D］．武汉：华中师范大学，2007．

［66］邬开东．论农村流动人口子女的教育公平与国民待遇［J］．上海教育科研，2004（12）：18－20．

［67］邬志辉，李静美．农民工随迁子女在城市接受义务教育的现实困境与政策选择［J］．教育研究，2016，37（09）：19－31．

［68］吴丹英．义务教育“择校”困境博弈均衡分析［J］．教育科学，2012（01）：6－12．

［69］吴晓燕，吴瑞君．上海市流动人口子女初中后教育的现状、问题及其难点分析［J］．教育学术月刊，2009（01）：47－49．

［70］刘声．徐永光委员：建设寄宿制学校改善留守儿童教育［N］．中国青年报，2007－3－5（8）．

［71］许传新．公办学校流动人口子女的身份认同及其影响因素［J］．中国农村观察，2008（06）：22－27，43，80．

［72］许传新．融入还是隔离？——公立学校流动人口子女与城市学生社会距离实证研究［J］．教育学报，2009（03）：68－75．

［73］夏雪．流动人口子女教育问题研究综述［J］．北京科技大学学报（社会科学版），2008（3）：7－14，36．

［74］夏雪，杨颖秀．随迁子女异地高考问题中的利益团体衍生——基于团体理论模型的视角［J］．教育发展研究，2014，33（10）：19－23，28．

［75］习勇生．进城务工人员随迁子女异地高考政策分析：政策内容的视角［J］．教育发展研究，2013，33（Z1）：5－8，35．

[76] 项继权. 农民工子女教育：政策选择与制度保障——关于农民工子女教育问题的调查分析及政策建议 [J]. 华中师范大学学报（人文社会科学版），2005（03）：2-11.

[77] 叶庆娜. 农民工随迁子女高中教育：现状、政策及障碍 [J]. 中国青年研究，2011（09）：72-78.

[78] 喻登科，周荣，郎益夫. 区域基础教育资源配置均等化形成机理的经济学阐释 [J]. 情报杂志，2011，30（11）：91-95，119.

[79] 杨颖秀. 随迁子女异地升学政策的冲突与建议 [J]. 东北师大学报（哲学社会科学版），2013（02）：131-135.

[80] 杨舸，段成荣，王宗萍. 流动还是留守：流动人口子女随迁的选择性及其影响因素分析 [J]. 中国农业大学学报（社会科学版），2011，28（03）：85-96.

[81] 杨敏. 流动初中生城市升学准备水平研究 [D]. 福州：福建师范大学，2014.

[82] 杨晶，胥德娣，邵林玉. 新生代农民工职业培训意愿及其影响因素实证分析——基于江西省的调查 [J]. 农林经济管理学报，2014，13（03）：273-280.

[83] 杨明. 进城务工人员随迁子女义务教育财政：资助供求失衡及平衡化策略 [J]. 教育与经济，2014（06）：10-16.

[84] 杨晓霞，吴开俊. 中央财政介入农民工随迁子女义务教育问题探讨 [J]. 教育发展研究，2017，37（Z2）：45-50.

[85] 姚晓飞. 我国农民工随迁子女异地中考政策研究 [D]. 西安：陕西师范大学，2016.

[86] 朱文芳. 政府解决进城务工随迁子女教育问题的逻辑解读——基于对2005—2014年政府工作报告的文本分析 [J]. 信阳师范学院学报（哲学社会科学版），2014，34（04）：19-22.

[87] 赵欢君，陶李刚. 论流动人口子女的教育公平问题 [J]. 教育探索，2005（12）：53-54.

[88] 赵娟. 城市流动人口子女教育的现状 [J]. 社会，2003（09）：17-19.

[89] 赵树凯. 边缘化的基础教育——北京外来人口子弟学校的初步调查 [J]. 管理世界，2000（05）：70-78.

[90] 张希. 流动人口子女领悟社会支持与学业求助的研究 [D]. 苏州：苏州大学，2008.

[91] 郑晓康，李新宇. 流动人口子女父母教养方式与学习环境适应性

的关系 [J]. 中国健康心理学杂志, 2006 (05): 499-502.

[92] 周国华. 教育政策执行机制研究——一个解释性分析框架 [J]. 教育学术月刊, 2014 (05): 52-57.

[93] 周谷平, 余源晶. 近30年来政策话语对教育公平的关注——基于《教育部工作要点》的实证研究 [J]. 教育研究, 2012 (02): 35-40, 52.

[94] 周佳. 农民工子女义务教育问题进入政策研究视野 [J]. 上海教育科研, 2004 (12): 13-17.

[95] 周秀平. 异地高考期待的群体差异 [J]. 高等教育研究, 2015 (04): 43-49.

[96] 周秀平. 家庭生计对基础教育阶段随迁子女就地升学的影响与对策 [J]. 教育发展研究, 2015, (35): 47-52.

[97] 周佳. 农民工子女义务教育问题进入政策研究视野 [J]. 上海教育科研, 2004 (12): 13-17.

[98] 周世军, 李逊超. 农民工培训: 困局、成因与破解机制设计 [J]. 继续教育研究, 2017 (04): 29-33.

[99] 钟涨宝, 陶琴. 外来务工人员子女和本地学生的社会距离——基于双向度社会距离测量 [J]. 南京社会科学, 2010 (08): 74-76.

[100] 张红霞, 江立华. 阶层的固化与再生产: 流动人口子女的社会化与社会流动 [J]. 广西社会科学, 2014 (08): 136-141.

[101] 张军霞, 陈鹏. 新型城镇化进程中农民工职业培训的政策供给与制度变革 [J]. 职教论坛, 2017 (07): 24-30.

[102] 庄西真, 李政. 流动人口子女城市教育融入问题的调查分析——以苏南地区为例 [J]. 教育研究, 2015, 36 (08): 81-90.

[103] 庄西真. 乡—城流动人口子女教育融城的行动机制——基于利益相关者视角的分析 [J]. 职业技术教育, 2014, 35 (34): 53-57.

[104] 桑玉成, 陈家喜. 群体分化与政治整合 [J]. 云南行政学院学报, 2006 (03): 4-7.

[105] 赵欢君, 陶李刚. 论流动人口子女的教育公平问题 [J]. 教育探索, 2005 (12): 53-54.